ශ්‍රී සම්බුද්ධත්ව
වන්දනා...

පූජ්‍ය කිරිබත්ගොඩ ඤාණානන්ද ස්වාමීන් වහන්සේ

චතුරාර්ය සත්‍යාවබෝධයට ධර්ම දේශනා....

ශ්‍රී සම්බුද්ධත්ව වන්දනා...

පූජ්‍ය කිරිබත්ගොඩ ඤාණානන්ද ස්වාමීන් වහන්සේ

© සියලුම හිමිකම් ඇවිරිණි.

ISBN : 978-955-0614-25-7

නව මුද්‍රණය : ශ්‍රී බු.ව. 2555 ක් වූ වෙසක් මස පුන් පොහෝ දින

- පරිගණක අකුරු සැකසුම, පිටකවර නිර්මාණය සහ ප්‍රකාශනය -

මහාමේඝ ප්‍රකාශකයෝ

වඩුවාව, යටිගල්ඔළුව, පොල්ගහවෙල.

දුර : 037 2053300, 0773216685

mahameghapublishers@gmail.com | www.mahameghapublishers.com

- මුද්‍රණය -

ලීඩ්ස් ග්‍රැෆික්ස් (පුද්.) සමාගම,

අංක 356 E, පන්නිපිටිය පාර, තලවතුගොඩ.

2600 ශ්‍රී සම්බුද්ධත්ව ජයන්තිය සමරනු වස්

ශ්‍රී සම්බුද්ධත්ව වන්දනා

පූජ්‍ය කිරිබත්ගොඩ ඤාණානන්ද ස්වාමීන් වහන්සේ

මහාමේඝ
MAHAMEGHA
ප්‍රකාශනයකි

2600 වැනි උතුම් ජයන්ති තුනක් !

මෙම වසරෙහි වෙසක් පුන් පොහෝ දිනට 2600 වැනි
ශ්‍රී සම්බුද්ධත්ව ජයන්තිය සැමරේ.

මෙම වසරෙහි ඇසළ පුන් පොහෝ දිනට 2600 වැනි
ශ්‍රී ධර්මචක්‍ර ජයන්තිය සැමරේ.

මෙම වසරෙහි ඇසළ පුන් පොහෝ දිනට 2600 වැනි
ආර්ය සංඝ ජයන්තිය සැමරේ.

"දසබලසේලප්පභවා නිබ්බානමහාසමුද්දපරියන්තා
අට්ඨංග මග්ගසලිලා ජිනවචනනදී චිරං වහතූති"

දසබලයන් වහන්සේ නමැති ශෛලමය පර්වතයෙන් පැන නැගී
අමා මහා නිවන නම් වූ මහා සාගරය අවසන් කොට ඇති
ආර්ය අෂ්ටාංගික මාර්ගය නම් වූ සිහිල් දිය දහරින් හෙබි
උතුම් ශ්‍රී මුඛ බුද්ධ වචන ගංගාව
(ලෝ සතුන්ගේ සසර දුක නිවාලමින්)
බොහෝ කල් ගලාබස්නා සේක්වා!

(සළායතන සංයුත්තය - උද්දාන ගාථා)

නමෝ තස්ස භගවතෝ අරහතෝ සම්මාසම්බුද්ධස්ස
ඒ භාග්‍යවත් අරහත් සම්මා සම්බුදුරජාණන් වහන්සේට නමස්කාර වේවා!

මව් කරෙහි තබා සයුරෙහි පිහිනන පින්වත් පුතෙකි

ඈත අතීතයේ එක්තරා ධෛර්ය සම්පන්න තරුණයෙක් විසුවේය. හේ මාපියන් හට මහත් බැතිපෙම් ඇත්තෙකි. කල්යාමේදී මොහුගේ පියා අභාවයට පත් විය. ඉන්පසු මෙම පින්වත් තරුණයා තම මෑණියන් සිය පණ මෙන් රැක ගත්තේය. දිනක් හේ වෙළඳාම පිණිස නැව් නැගී ගියේය. මෑණියන්ට උපස්ථාන කරනු වස් ඇයවද රැගෙන ගියේය. එහෙත් මහසයුර මැදදී මහා කුණාටුවක් පැණ නැංගේය. බිහිසුණු රළ පහරින් නෞකාව සුණුවිසුණු වී ගියේය. නැව මුහුදුබත් විය. සියල්ලෝ දියෙහි වැටුණෝය.

මාතෘ ප්‍රේමයෙන් හරිත වූ සිත් ඇති මේ පුත්‍ර රත්නය තම මෑණියන් සොයන්නට පටන් ගති. වහා දියට පැන මෑණියන් ගිලෙන්නට නොදී කරෙහි නංවා ගත්තේය. පරක් තෙරක් නොපෙනෙන මහා සයුරෙහි පීනන්නට පටන් ගති. හිරු බැස ගියේය. ගණඳුරෙහි ද මෑණියන් කරෙහි නංවාගෙන හේ තවමත් පිහිනයි. එක් දිනක් ගෙවී ගියේය. මෙම තරුණයා උත්සාහය අත් නොහැර පරතෙර මුණගැසෙන තුරු තවමත් පිහිනයි. කෙමෙන් සත් දිනක් ද ගෙවී ගියේය. එහෙත් මේ තරුණයා සිය මව කරෙහි රැවා ගෙන තවමත් පිහිනයි. මවගේ ජීවිතය සුරකිනු වස් මහා සයුරු රළ සමඟ පොරබදිමින් සිටින මෙම තරුණයාගේ අසාමාන්‍ය වීරපරාක්‍රමය නිසාවෙන් සක් දෙවිඳුගේ අසුන

උණුසුම් වී ගියේය. එවිට මිනිස් ලොව කිසිවක් සිදුවෙමින් ඇත්දැයි බලද්දී මේ විස්මිත තරුණයාව පෙණුනි. ඉක්බිති සක් දෙවිඳු ඉර්ධි ප්‍රාතිහාර්යයකින් මෙම මව් පුතු දෙදෙනා ගොඩබිමට ළං කළේය. මවගේ ජීවිතය බේරා ගැනීම ගැන දරුවා අපමණ සතුටට පත් විය. මෙම තරුණ පුත්‍රයා ළඟට පැමිණි සක් දෙවිඳු මෙසේ පවසා සිටියේය.

"පින්වත් දරුව, ඔබ මහා වීර්යවන්තයෙකි. අද්විතීය පුරුෂයෙකි. ඔබ වැනි උදාර මනුෂ්‍යයන් හට ලොවෙහි ශ්‍රේෂ්ඨත්වයට පත්වීම කළ හැකි දෙයකි. මෙම මෑණියන් සයුරෙන් ගොඩ දැමූ පරිද්දෙන් ලෝ සතුන් සසර සයුරෙන් එතෙර කරවීම පිණිස ශ්‍රී සම්බුද්ධත්වයට පත්වුව මැනැව." මෙය සිදුවූයේ අසංඛෙය්‍ය කල්ප ලක්ෂ විස්සකට පෙරය. එදා මේ තරුණයා තුළ හටගත් වීරියත්, අධිෂ්ඨානයත් කෙමෙන් වැඩී ගියේය. ලෝකයට යහපත සදමින් පින් පිරෙන ගමනට එක්ව සිටියේය.

මහසයුරේ රැළි අතරේ ගිලෙනා දුටු අම්මා
පිහිනා දුව විත් සැණෙකින් කරට රැගෙන අම්මා
පරක් තෙරක් දකිනු පිණිස සිහි කරමින් අම්මා
පිහිනා යන පුතුන් බලව් වීරිය නැති නිම්මා

සුමේධ නම් වූ මහා ඍෂිවරයන් වහන්සේ විවරණසිරි ලබති

මෙයින් අසංඛෙය්‍ය කල්ප ලක්ෂ හතරකට පෙර වරමණ්ඩ නම් කල්පයක් ඇතිවිය. එම කල්පයෙහි තණ්හංකර, මේධංකර, සරණංකර සහ දීපංකර යන සිව් බුදුරජාණන් වහන්සේලා පහළ වූහ. එයින් දීපංකර

බුදුරජුන්ගේ කාලයෙහි දඹදිව අමරවතී නම් නගරයක් විය. එහි බ්‍රාහ්මණ වංශික ධනවත් පවුලක අර පින්වත් තරුණයා උපන්නේය. ඔහු නමින් සුමේධ විය. මහා ප්‍රඥාවකින් හෙබි මෙම තරුණයා පඬිවරයෙකු බවට පත්විය. සිය ගණන් තරුණයන්ට ශිල්ප ශාස්ත්‍ර උගන්වන්නට විය. සිය මව්පියන්ගේ අභාවයෙන් සකල ධනයට හිමිකරුවා වූයේ ද මොහුය.

දිනක් භාණ්ඩාගාරය විවෘත කළ මොහුට සත් මුතු පරම්පරාවක් විසින් රැස් කළ රන් රිදී මුතු මැණික් ආදිය දකින්නට ලැබුණි. එදෙස බලාසිටි මොහුගේ ප්‍රඥාව අවදි විය. 'අහෝ! මා ප්‍රිය දෙමව්පියන් පරලොව ගියේ මේ වස්තුව රැගෙන නොවේ. මුතුන් මිත්තෝ ද මේ සියල්ල රැස් කොට මෙහි දමා හිස් අතින් ගියහ. මට අයිති වන්නේත් මේ ඉරණමද? නැත. එසේ නොවිය යුතුය. මවිසින් මේ සියල්ල දන් දී ඉපදෙන මැරෙන ලොවෙහි විමුක්තිය සොයා යා යුතුය.'

සුමේධ පඬිවරයා සකල වස්තුව දන් දුන්නේය. හුදෙකලාවේම වනගත වීය. හිමාල වනයෙහි තවුසෙක් බවට පත්විය. හේ බවුන් වැඩීය. සත් දිනක් ඇවෑමෙන් අෂ්ට සමාපත්ති උපදවා ගත්තේය. අභිඥා ද උපදවා ගත්තේය. දිනක් මෙම සුමේධ තවුසා අහසින් ගමන් කරමින් සිටියේය. එකල්හි රම්‍යගම්නුවර නම් එක්තරා ප්‍රදේශයක මහත් උත්සවශ්‍රීයක් දකින්නට ලැබුණේය. රම්‍යගම්වාසීහු දීපංකර බුදුරජුන් ප්‍රමුඛ සංඝයාට දානය පිණිස අරයුම් කළහ. බුදුරජාණන් වහන්සේ වඩින මග ඉතා සතුටින් යුතුව සකසමින් සිටියහ. සුමේධ තවුසාණෝ මිනිසුන්ට නොපෙනෙන සේ අහසින් බැස ඔවුන් හමුවට ගියහ.

"පින්වත් මහණෙනි, මෙහි මඩ වගුරෙහි බිම දිගා වී සිටින මහා ඍෂිවරයා දෙස බලව්. මෙතෙමේ අහස් ගමන් යන්නෙකි. මහා ඉර්ධිමතෙකි. උදාර සංකල්ප ඇත්තෙකි. මෙයින් අසංඛෙය්‍ය කල්ප ලක්ෂ හතරක් ඇවෑමෙන් මෙතෙමේ ගෞතම නමින් ශ්‍රී සම්බුද්ධත්වයට පත්වන්නේය.

"පින්වත්නි, අද ඉතා සතුටින් මාවත සකස් කරනු පෙනේ. කිසියම් විශේෂ කරුණක් තිබේද?" "පින්වත් තවුසාණෙනි, දීපංකර නම් ලෝකනාථයන් වහන්සේ රම්‍යගම්නුවරට වඩිනා සේක. උන්වහන්සේ අරහත්යහ. සම්මාසම්බුද්ධයහ. මහා කාරුණිකයහ."

බුද්ධ යන වචනය ඇසූ කෙණෙහි කිසියම් අද්භූත ප්‍රීතියකින් සුමේධ තවුසාගේ සිරුර කිළිපොලා ගියේය. ලොමුඩැහැ ගත්තේය.

"පින්වත්නි, බුද්ධ යන වචනය ඉතා දුර්ලභය. බුදු කෙනෙකුන් දැකීම ආශ්චර්ය අද්භූත වූ කරුණෙකි. එනිසා මම ද ඔබෙන් ඉල්ලා සිටිමි. මේ මග සරසන්නට මම ද කැමැත්තෙමි. මට ද යම්කිසි කොටසක් දුන මැනැව."

'මේ තාපසයාණෝ මහා ඉර්ධි ඇත්තාහුය. ආනුභාව සම්පන්නයහ. අපට සකසා ලිය නොහැකි විෂම වූ දුෂ්කර මාවත් කොටස මොහුට දෙමු' යැයි සිතූ මිනිස්සු සුමේධ තවුසා හට මඩ සහිත වූ දුෂ්කර මාවත් කොටසක් දුන්හ. සුමේධ තවුසා මෙසේ සිතුවේය. 'මෙය ඉර්ධිබලයෙන් සමකිරීම ඉතා සුළු දෙයකි. එහෙත් එය මා වැන්නෙකුට නොගැලපේ. මා කළ යුත්තේ දහඩිය වගුරුවා වෙහෙස මහන්සියෙන් මාවත සැකසීමයි. මෙසේ සිතූ සුමේධ තෙමේ ඉතා දුෂ්කර අයුරින් වෙහෙස මහන්සි ගෙන මාවත සකසන්නට විය. මිනිසුන් කපන ලද පස් ගෙනැවිත් දමමින් මඩ වගුර වසන්නට විය. දීපංකර බුදුරජාණන් වහන්සේ සංඝයා පිරිවරාගෙන සුදුසු කාලයෙහි දන් පිණිස වඩනා සේක. එහෙත් සුමේධ තවුසාණන් හට තමා ගත් මාවත් කොටස සම කරන්නට කල් නොතිබුණි. ඈතින් වඩිනා දීපංකර බුදුරජාණන් වහන්සේ දුටු සුමේධ තවුසාණෝ

මහත් ප්‍රීති ප්‍රමෝදයට පත්වූහ. පස් දැමීමට නොහැකි වූ මඩ වගුරෙහි දිගා වූහ. බුදුරජුන් දෙසට වන්දනා කරගත්හ.

"භාග්‍යවත් බුදුරජාණන් වහන්ස, මාගේ පිට මතින් වඩිනා සේක්වා! ඔය ශ්‍රී පාද පද්මයන්හි මඩ නොතැවරේවා! ආර්ය මහා සංඝරත්නය ද මාගේ පිට මතින් වඩිනා සේක්වා!යි හඬ නගා පැවසීය. මහා කාරුණික දීපංකර බුදුරජාණෝ එතැනට වැඩි සේක. තමන් වහන්සේ ඉදිරියෙහි මඩේ වැතිරී වන්දනා කරමින් සිටින අහස් ගමන් යන මහානුභාව සම්පන්න ඍෂිවරයා දෙස බලා සිටි සේක.

එකල්හී දීපංකර භාග්‍යවතුන් වහන්සේ මේ ඍෂිවරයාණන් තුළ පිහිටා ඇති සුවිශේෂ කරුණු අටක් හඳුනාගත් සේක.

"මනුස්සත්තං ලිංගසම්පත්ති හේතු සත්ථාරදස්සනං පබ්බජ්ජා ගුණසම්පත්ති අධිකාරෝ ච ඡන්දතා"

එනම් මොහු උතුම් මනුෂ්‍ය ආත්මභාවයක් ලබා තිබේ. පුරුෂභාවය ද ලබා තිබේ. අරහත්වයට පත්වීම පිණිස හේතු සම්පත් ද තිබේ. ශාස්තෘන් වහන්සේ ද මුණගැසී තිබේ. ඍෂි ප්‍රව්‍රජ්‍යාවෙන් පැවිදි වී ද තිබේ. ගුණ සම්පත්තියේ පිහිටා ද තිබේ. පුරන ලද පුණ්‍යාධිකාරයෙන් ද යුක්තව සිටී. බලවත් වූ කුසලච්ඡන්දයෙන් ද යුක්තව සිටී. මෙසේ උදාර වූ අෂ්ට ධර්මයෙන් සමන්විතව සිටින සුපින්වත් ඍෂිවරයාණන් පෙන්වා මෙසේ වදාළ සේක.

"පින්වත් මහණෙනි, මෙහි මඩ වගුරෙහි බිම දිගා වී සිටින මහා ඍෂිවරයා දෙස බලව්. මෙතෙමේ අහස් ගමන් යන්නෙකි. මහා ඉර්ධිමතෙකි. උදාර සංකල්ප

ඇත්තෙකි. මෙයින් අසංඛෙය්‍ය කල්ප ලක්ෂ හතරක් ඇවෑමෙන් මෙතෙමේ ගෞතම නමින් ශ්‍රී සම්බුද්ධත්වයට පත්වන්නේය. බොහෝ දෙව් මිනිසුන් හට සෙත සුව සළසන්නේය. එකලද මෙකල මෙන් බුදුවරයෙකුගේ අසිරිමත් යුගයක් උදාවනු ඇත." මේ වනාහී එම උදාර පුරුෂරත්නය ලද ප්‍රථම විවරණය විය.

දිවකුරු සම්බුදු පාමුල විවරණ ලබමින්නේ
දුක් විඳිනා භව ගමනක යන්නට සැරසෙන්නේ
පුරනා පෙරුමන් එකිනෙක විමසා බලමින්නේ
මහ නුවණැති තවුසාණෝ බෝධිසත්ව වන්නේ

විවරණ ලද බෝසතාණන් වහන්සේට තවත් සම්බුදුරජාණන් වහන්සේලා මුණගැසෙති

දීපංකර බුදුරජාණන් වහන්සේගෙන් ලද විවරණයෙන් යුතු සුමේධ තවුසාණෝ මහත් වීර්යයක් ඇති කරගත්හ. යළි හුදෙකලාවේ බවුන් වඩමින් නුවණින් විමසන්නට පටන් ගත්හ. සම්මා සම්බුද්ධත්වය පිණිස තමා විසින් කුමක් කළ යුතු දැයි විමසද්දී ඒ සඳහා පාරමී දහයක් සම්පූර්ණ කළ යුතු යැයි හැඟී ගියේය. ඒ අනුව දාන පාරමිතාව, සීල පාරමිතාව, නෙක්ඛම්ම පාරමිතාව, ප්‍රඥා පාරමිතාව, විරිය පාරමිතාව, ක්ෂාන්ති පාරමිතාව, සත්‍ය පාරමිතාව, මෛත්‍රී පාරමිතා, උපේක්ෂා පාරමිතාව වශයෙන් පාරමී දහයම හඳුනාගන්නට එතුමාණෝ සමත් වූහ. ඉන්පසු දාන පාරමී, දාන උපපාරමී, දාන පරමත්ථපාරමී වශයෙන් ඒ ඒ ආත්මභාවයන්හි පෙරුම්දම් පුරමින් අසිරිමත් ගමනක

යෙදුනහ. මෙසේ සම්බුද්ධත්වය කෙරෙහි ලොල් බැඳ සසරෙහි සැරිසරනා මෙම මහා පුරුෂයාණන් හඳුන්වන්නේ මහා බෝසතාණන් නමිනි. මෙසේ පෙරුම් පුරා වඩින්නේ අන් කිසිවෙකුත් නොව අප මහා බෝසතාණන් වහන්සේය. පෙරුම්දම් පුරමින් වඩින ගමනේදී උන්වහන්සේට වරින් වර සම්මා සම්බුදුරජාණන් වහන්සේලා මුණගැසුණි.

දීපංකර බුදුරජුන්ගෙන් විවරණ ලැබීමෙන් පසු අසංඛෙය්‍ය කල්ප ලක්ෂයක් ගෙවී ගියේය. එක්තරා කලකදී අප මහා බෝසතාණන් වහන්සේ විජිතාවී නමින් සක්විති රජෙක්ව සිටියහ. චක්‍රවර්තී මාණික්‍ය සතින් යුතුව දැහැමින් ලොව පාලනය කරමින් සිටියහ. ඒ යුගයෙහි කොණ්ඩඤ්ඤ නම් සම්මා සම්බුදුරජාණන් වහන්සේ පහළ වූ සේක. විජිතාවී සක්විති රජු තෙරුවන් සරණ ගියේය. තමන් සතු සියල්ල දන් දුන්නේය. ඒ සසුනෙහි පැවිදි වූයේය. කොණ්ඩඤ්ඤ බුදුරජාණන් වහන්සේ ද මෙම බුද්ධාංකුර සත්පුරුෂයා හඳුනාගත් සේක. ගෞතම නමින් සම්බුද්ධත්වයට පත්වන බවට විවරණ දුන් සේක.

යළි අසංඛෙය්‍ය කල්ප ලක්ෂයක් ගෙවී ගියේය. එම කාලය ඇවෑමෙන් බුදුවරුන්ගේ යුගයක් උදාවිය. ඒ යුගයේදී මංගල, සුමන, රේවත, සෝභිත නමින් බුදුරජාණන් වහන්සේලා සිව්නමක් පහළ වූහ. අප මහා බෝසතාණන් වහන්සේට ඒ සිව් බුදුරජාණන් වහන්සේලාම මුණගැසිණි.

මංගල බුදුරජුන් සමයෙහි මහබෝසතාණෝ මහාසාර බ්‍රාහ්මණ වංශයෙහි උපන්හ. පුණ්‍ය ලක්ෂණයන්ගෙන් හෙබි මොහු සුරුචි නම් විය. මෙතෙමේ ඒ මංගල බුදුරජුන් ප්‍රමුඛ සංඝයාට සකල වස්තුවම පූජා කළේය. වෙහෙර විහාර තනවා දුන්නේය. මංගල බුදුරජුන්ගෙන් ද සුරුචි බ්‍රාහ්මණතුමාට විවරණ ලැබුණි.

අනතුරුව පහළ වූයේ සුමන බුදුරජුන්ගේ සමයයි. එකල අප මහා බෝසතාණන් වහන්සේ ඉපිද සිටියේ අතුල නම් නාගරාජයෙකු ලෙසිනි. දිනක් මේ නා රජු නා පිරිවර සමඟින් කඩුපුල් මල් නෙලා ගෙනැවිත් සුමන භාග්‍යවතුන් වහන්සේ ප්‍රමුඛ සංඝයාට පූජා පැවැත්වූහ. මිණිවීනාවන් ගෙන් බුදුගුණ ගැයූහ. එදිනද අප බෝසත් නා රජු සුමන බුදුරජුන්ගෙන් විවරණසිරි ලබන ලද්දේය.

රේවත බුදුරජුන්ගේ යුගය ඉන්පසු උදාවිය. එකල අප මහා බෝසතාණන් වහන්සේ මහාසාර බ්‍රාහ්මණ වංශයෙහි අතිදේව නමින් සුප්‍රසිද්ධ බ්‍රාහ්මණයෙකුව ඉපිද සිටියේය. රේවත බුදුරජුන් මුණගැසුණු අතිදේව බමුණු තෙමේ තෙරුවන් සරණ ගියේය. හේ බුදුරජුන්ගේ ගුණ වර්ණනා කරමින් ගී ගැයුවේය. රේවත බුදුරජුන් ද මේ බුදුගුණ ගයන අතිදේව බ්‍රාහ්මණයා හඳුනාගත් සේක. නියත විවරණ දුන් සේක.

ඉන්පසු පහළ වූයේ සෝභිත නම් බුදුරජාණන් වහන්සේගේ යුගයයි. ඒ යුගයෙහිදී අප මහා බෝසතාණන් වහන්සේ අජිත නමින් මහාසාර බ්‍රාහ්මණ පවුලක ඉපිද සිටියේය. ඉතා ශ්‍රද්ධාවෙන් තෙරුවන් සරණ ගිය අජිත තෙමේ මහා දන් දී ඒ බුදු සසුනේ පැවිදි වූයේය. මෙම බුද්ධාංකුර සත්පුරුෂයාව හඳුනාගත් සෝභිත බුදුරජාණන් වහන්සේ ද අප බෝසත් අජිතයන් හට නියත විවරණ දුන් සේක.

යළිත් අසංඛෙය්‍ය කල්ප ලක්ෂයක් ගෙවී ගියේය. එම අසංඛෙය්‍ය යුගය ඇවෑමෙන් බුදුවරුන්ගේ යුගයක් පහළ විය. ඒ යුගයේදී අනෝමදස්සී, පදුම, නාරද නමින් බුදුවරු තුන් නමක් පහළ වූහ.

එකල අනෝමදස්සී බුදුරජුන්ගේ යුගය පැවතුණි. අප මහා බෝසතාණන් වහන්සේ ද ඒ යුගයෙහිදී ලක්ෂ ගණන් පිරිවර සේනා ඇති මහා යක් සෙනෙවියෙකුව ඉපිද සිටියේය. ඒ යක් සෙනෙවිතුමා අනෝමදස්සී බුදුරජුන්ව සරණ ගියේය. බුදුරජුන් ප්‍රමුඛ සංඝයාට මහා දන් පූජා කරමින් බුදු ගුණ ගයමින් සතුටු වෙමින් සිටියේය. අනාගතයෙහි මෙම යක් සෙනෙවියා ගෞතම නමින් ශ්‍රී සම්බුද්ධත්වයට පත්වන බවට අනෝමදස්සී බුදුරජුන් ගෙන් ද නියත විවරණ සිරි ලැබුණේය.

අප මහා බෝසතාණන් වහන්සේට ඊළඟට පහළ වූ පදුම බුදුරජාණන් වහන්සේ ද මුණ ගැසුණි. එකල අප මහා බෝසතාණන් වහන්සේ වනාන්තරයෙහි සිංහරාජයෙකුව ඉපිද සිටියේය. දිනක් වනයෙහි ඇවිද යමින් සිටි මෙම සිංහරාජයා හට පදුම බුදුරජුන් නිරෝධ සමාපත්තියට සමවැදී ප්‍රීති සහගත මුවමඬලින් යුතුව වැඩසිටින අයුරු දැකගන්නට ලැබුණි. සිංහරාජයා බුදුරජුන් සමීපයට පැමිණියේය. දෑස් නොසොල්වා බලා සිටියේය. සිංහයාගේ සිත පැහැදුණි. හේ බුදුරජාණන් වහන්සේ සමීපයෙහි සිටිමින් උන්වහන්සේට ආරක්ෂාව සැපයූයේය. බුදුරජුන් එක ඉරියව්වෙන් වැඩසිටිය එම සතිය පුරාවට සිංහයා ද ආහාර නොගත්තේය. සමාපත්තියෙන් නැගී සිටි පදුම බුදුරජුන් තමා අසල සිටි සිංහයා දෙස බලාසිටි සේක. මේ සිටින්නේ මතු බුදුවන ගුණයෙන් යුතු පිනැතියෙකු බව හඳුනාගත් පදුම බුදුරජුන් සංඝයාගේ වැඩම වීම සිතෙන් අදිටන් කළ සේක. එවිට රහතන් වහන්සේලා අහසින් එතැනට වැඩියහ. පදුම භාග්‍යවතුන් වහන්සේ එම සිංහරාජයා පෙන්වමින් වදාළේ මෙම සිංහයා අනාගතයෙහි ගෞතම නමින් සම්මා සම්බුද්ධත්වයට පත්වන බවයි. එය

සිංහයෙකු ලෙස සිටියදී අප බෝසතුන් ලද විවරණයයි.

අප මහා බෝසතාණන් වහන්සේ ඊළඟට විවරණ සිරි ලැබුවේ නාරද බුදුරජාණන් වහන්සේ ගෙනි. එකල අහසින් වඩිනා බලසම්පන්න ඍෂිවරයෙකු වශයෙන් සිටි අප බෝසතාණෝ බුදුරජුන් ප්‍රමුඛ මහා සංඝයාට දන් පැන් පුදමින් අපමණ පින් රැස් කරගත්හ.

යළිත් කල්ප ලක්ෂයක් ගෙවී ගියේය. එම යුගය ඇවෑමෙන් පදුමුත්තර හෙවත් පියමතුරා නමින් බුදුරජාණන් වහන්සේ නමක් පහළ වීය. ඒ යුගයෙහිදී ජටිල නමින් බ්‍රාහ්මණ වංශික පවුලක උපන් අප මහා බෝසතාණන් වහන්සේ ඒ බුදු සසුනෙහි පැවිදි වූහ. පියමතුරා බුදුරජාණන් වහන්සේගෙන් ද අප බෝසත් ජටිල බමුණු තෙමේ විවරණ සිරි ලැබුවේය.

ඉන්පසු කල්ප තිස් දහසක් ගෙවී ගියේය. යළි උදා වූ යුගයෙහිදී සුමේධ, සුජාත නමින් බුදුවරු දෙනමක් පහළ වූ සේක. සුමේධ බුදුරජුන්ගේ සමයෙහි අප මහා බෝසතාණන් වහන්සේ උත්තර නමින් වංශවත්, ධනවත් පවුලක ඉපිද සිටියේය. සුමේධ බුදුරජුන් කෙරෙහි පහන් සිතින් යුතු මෙතෙමේ තෙරුවන් සරණ ගොස් එම සසුනෙහි පැවිදි විය. අප මහා බෝසතුන් හඳුනාගත් සුමේධ බුදුරජාණෝ ද විවරණ සිරි දුන් සේක.

ඉන්පසු උදාවූයේ සුජාත බුදුරජුන්ගේ යුගයයි. එකල මහා බෝසතාණන් වහන්සේ සක්විති රජෙකුව ඉපිද සිටියේය. හේ තෙරුවන් කෙරෙහි පැහැදුණු සිතින් සියල්ල අත්හැර පැවිදි වූයේය. සුජාත බුදුරජාණන් වහන්සේ ගෙන් ද විවරණ සිරි ලැබුවේය.

ඉන්පසු දහඅටදහසක් කල්පයන් ගෙවී ගියේය. යළිත් පියදස්සී, අත්ථදස්සී, ධම්මදස්සී යන බුදුවරයන් වහන්සේලා තුන් නමකගේ යුගයක් පහළ විය. පියදස්සී බුදුරජුන්ගේ සමයෙහි අප මහා බෝසතාණන් වහන්සේ කාශ්‍යප නමින් උපන්හ. මහාසාර බ්‍රාහ්මණවංශයේ උපන් කාශ්‍යප තෙමේ තෙරුවන් සරණ ගියේය. බුදුරජුන් ප්‍රමුඛ සංඝයා උදෙසා අපමණ පූජෝපහාර දැක්වූයේය. මෙම අසිරිමත් පුරුෂරත්නය හඳුනාගත් පියදස්සී බුදුරජුන්ද විවරණසිරි ලබාදුන් සේක.

ඊළඟට පහළ වූ අත්ථදස්සී බුදුරජුන්ගේ යුගයෙහිදී අප මහා බෝසතාණන් වහන්සේ සුසීම නමින් මහා ඍෂිවරයෙකුව සිටියේය. හේ ඉර්ධිබලයෙන් දෙව්ලොවට ගොස් මදාරා මල් රැගෙන විත් එයින් අලංකාර කූඩයක් සකසා අත්ථදස්සී බුදුරජුන්ට පූජා කළේය. දිව්‍ය පුෂ්පයන්ගෙන් සැරසූ ඡත්‍රය පූජා කළ සුසීම ඍෂිවරයා දෙස බැලූ අත්ථදස්සී බුදුරජුන් ද මෙතෙමේ අනාගතයෙහි ගෞතම නමින් ශ්‍රී සම්බුද්ධත්වයට පත්වන්නේ යැයි විවරණ සිරි දුන්හ.

ඊළඟට පහළ වූයේ ධම්මදස්සී බුදුරජුන්ගේ යුගයයි. එකල අප මහා බෝසතාණන් වහන්සේ සක් දෙවිඳුව ඉපිද සිටියේය. ශක්‍ර දේවේන්ද්‍ර තෙමේ දිවමල් වගුරුවමින් දිව්‍ය සුගන්ධ පතුරුවමින් දිව්‍ය තූර්යනාදයන් වයමින් බුදුගුණ ගායනා කරන්නට පටන් ගති. මෙම සැදැහැබර අප බෝසත් සක්දෙවිඳුන්ට ද ධම්මදස්සී බුදුරජුන්ගෙන් විවරණසිරි ලැබුණි.

කල්ප ගණන් කාලය ගෙවී ගියේය. අප මහා බෝසතාණන් වහන්සේට මෙයින් අනූ හතර කල්පයකට

කලින් වැඩසිටි සිද්ධාර්ථ බුදුරජුන් මුණගැසුණි. එකල අප බෝසතුන් මංගල නමින් බලසම්පන්න ඍෂිවරයෙකුව සිටියේය. හෙතෙමේ හිමාලයෙන් අතිප්‍රණීත වූ දඹඵල ගෙනැවින් ඒ සිද්ධාර්ථ බුදුරජුන්ට පූජා කළහ. සියලු භික්ෂු සංඝයා සමඟ ඒ දඹඵල වැළඳූ සිද්ධාර්ථ බුදුරජාණෝ ද අප බෝසත් ඍෂිවරයාණන් හට නියත විවරණ දුන් සේක.

ඒ යුගයෙන් පසුව තවත් කල්ප දෙකක් ගෙවී ගියේය. මෙයින් දෙඅනූ කල්පයකට පෙර යළි බුදුවරු දෙනමකගේ යුගයක් පහළ විය. එහිදී තිස්ස සහ ඵුස්ස නමින් උන්වහන්සේලා පහළ වූහ. තිස්ස බුදුරජුන්ගේ සමයෙහිදී අප මහා බෝසතාණන් වහන්සේ සුජාත නමින් මහා ඍෂිවරයෙකුව සිටියේය. දිනක් මේ සුජාත ඍෂිතෙමේ පරසතු මදාරා මල් ගෙනවුත් බුදුරජුන් ප්‍රමුඛ සංඝයා වඩින මගෙහි අතුරමින් පුෂ්ප පූජා පැවැත්වූයේය. අහසෙහි මල් විසුරුවේය. මහත් ශ්‍රද්ධාවෙන් මල් පිදූ මෙම ඍෂිවරයා දුටු තිස්ස බුදුරජුන් ද අප බෝසත් සුජාත ඍෂිවරයා හට නියත විවරණ දුන් සේක.

ඊළඟට සපැමිණි ඵුස්ස බුදුරජුන්ගේ යුගයෙහිදී අප මහා බෝසතාණන් වහන්සේ විජිතාවී නමින් රජෙකුව සිටියේය. ඵුස්ස බුදුරජුන්ගේ ධර්මය ඇසූ විජිතාවී රජු රාජ සම්පත් අත්හැර පැවිදිව ශ්‍රී සද්ධර්මය පතුරුවා හැරියේය. ඒ ඵුස්ස බුදුරජුන්ගෙන්ද අප බෝසත් විජිතාවී රජු විවරණ සිරි ලැබුවේය.

තවත් කල්පයක් ගෙවී ගියේය. එය මෙයින් අනූ එක් කල්පයකට පෙර ය. එකල ලොව වැඩසිටියේ විපස්සී නම් බුදුරජාණන් වහන්සේය. ඒ යුගයෙහිදී අප මහා බෝසතාණන් වහන්සේ අතුල නම් නාගරාජයෙකුව ඉපිද

සිටියේය. හේ මහාර්ඝ මාණික්‍යයෙන් සරසන ලද රන්වන් ධර්මාසනයක් විපස්සී බුදුරජුන්ට පූජා කළේය. ඒ විපස්සී බුදුරජාණෝ ද අප බෝසත් අතුල නා රජුට නියත විවරණ දුන් සේක.

ඉන්පසු කල්ප හැටක් ගෙවී ගියේය. ඒ සැට කල්පයෙන් පසු සිඛී වෙස්සභූ නමින් බුදුරජාණන් වහන්සේලා දෙනමක් පහළ වූහ. සිඛී බුදුරජුන්ගේ සමයෙහිදී අප මහා බෝසතාණන් වහන්සේ අරින්දම නමින් රජෙකුව ඉපිද සිටියේය. ඒ අරින්දම රජු තමා සතු සකල සම්පත්තියම බුදු සසුනට පූජා කළේය. මෙසේ විස්මිත දන් දෙන අරින්දම රජුට ද සිඛී බුදුරජුන්ගෙන් නියත විවරණ ලැබුණි.

ඊළඟට පහළ වූයේ වෙස්සභූ බුදුරජුන්ගේ යුගයයි. එකල සුදස්සන නමින් දඹදිව රජවී සිටියේ අප මහා බෝසතාණන් වහන්සේය. ඒ සුදස්සන රජු රාජ සම්පත් අත්හැර වෙස්සභූ බුදුරජුන් ළඟ පැවිදි වූයේය. ඒ වෙස්සභූ බුදුරජුන්ගෙන් ද අප මහා බෝසතාණෝ සුදස්සන රජු හට විවරණසිරි ලැබුණි.

ඉන්පසු තිස් කල්පයක් ගෙවී ගියේය. ඊළඟට පහළ වූයේ මහා භද්‍ර කල්පයයි. මහා භද්‍ර කල්පයෙහි පහළ වූ කකුසඳ, කොණාගමණ, කාශ්‍යප යන බුදුවරයන් වහන්සේලා තුන් නම අප බෝසතාණන් වහන්සේට මුණගැසුණි. කකුසඳ බුදුරජුන්ගේ සමයෙහිදී ඛේම නමින් රජෙකුව සිටි අප මහා බෝසතාණන් වහන්සේ ඒ බුදුසසුනෙහි පැවිදි වූහ. කකුසඳ බුදුරජාණෝ ද අප බෝසත් ඛේම රජුට විවරණසිරි දුන්හ.

ඊළඟට පහළ වූ කෝණාගමණ බුදුරජාණන්

වහන්සේගේ කාලයේදී පර්වත නමින් රජකුව සිටි අප බෝසතාණන් වහන්සේ ඒ බුදුසසුනෙහි පැවිදි වූහ. ඒ කෝණාගමණ බුදුරජුන්ගෙන්ද අප බෝසත් පර්වත රජුටඋතුම් විවරණසිරි ලැබුණි.

ඊළඟට උදාවූයේ කාශ්‍යප බුදුරජුන්ගේ යුගයයි. එකල අප මහා බෝසතාණන් වහන්සේ ජෝතිපාල නමින් මහාසාර බ්‍රාහ්මණ වංශයෙහි ඉපිද සිටියේය. එකල ඒ කාශ්‍යප බුදුරජුන් හට අග්‍ර උපස්ථායක වූ අනාගාමී ඵලයට පත් ඝටීකාර නම් මහා පින්වත් කුඹලකරුවෙකු සිටියේය. මොහු ජෝතිපාලයන්ගේ කළණ මිතුරාය. දිනක් ඝටීකාරයන්ගේ මෙහෙයවීමෙන් ජෝතිපාල තෙමේ කාශ්‍යප බුදුරජුන් බැහැදකින්නට ගියේය. හෙතෙම කාශ්‍යප බුදුසසුනෙහි පැවිදි වූයේය. කාශ්‍යප බුදුරජාණන් වහන්සේද අප මහා බෝසත් ජෝතිපාලයන් හට නියත විවරණ දුන් සේක.

සාරා සැකි කප් සුවහස් වසර ගෙවී යන්නේ
සූවිසි බුදුවරුන් වෙතින් විවරණසිරි ගන්නේ
අදිටන් කළ බලයෙන් යුතු පෙරුමන් පුරමින්නේ
අප බෝසත් මුනිඳාණන් පිනෙන් පිරී යන්නේ

මිහිකත හඬවමින් පාරමීදම් පුරා වඩිනා අප මහා බෝසතාණෝ...

එදා දීපංකර බුදුරජුන් සිරි පා මුලදී නියත විවරණසිරි ලද අප මහා බෝසතාණන් වහන්සේ සාරාසංඛෙය්‍ය කල්ප ලක්ෂය මුළුල්ලෙහි ලෝ සතුන්ගේ යහපත උදෙසා සියල්ල දන් දුන් සේක. එය උන්වහන්සේගේ දාන පාරමිතාවයි.

සාරාසංඛෙය්‍ය කල්ප ලක්ෂය මුළුල්ලෙහි පන්සිල්, අටසිල්, දසසිල්, උපසම්පදා සිල් ආදී සිල්ගුණ රකිමින් උතුම් ඉන්ද්‍රිය සංවරයෙහි යෙදෙමින් සීල පාරමිතාව පිරූ සේක.

සාරාසංඛෙය්‍ය කල්ප ලක්ෂය මුළුල්ලෙහි ධර්මාවබෝධය පිණිස නොසන්සිඳෙන පිපාසයෙන් යුතුව අඹුදරුවන් අත්හරිමින්, රට රාජ්‍යයන් අත්හරිමින්, දාසි දස් පිරිවර සේනා අත්හරිමින්, ඤාතිමිත්‍රාදීන් අත්හරිමින්, අනේක වූ කාම සම්පත් අත්හරිමින් ධර්මය සොයමින් නෛෂ්ක්‍රම්‍යයෙහි යෙදෙමින් නෙක්ඛම්ම පාරමිතාව පිරූ සේක.

සාරාසංඛෙය්‍ය කල්ප ලක්ෂය මුළුල්ලෙහි තැනට සුදුසු වූ බලවත් නුවණින් යුතුව යෝනිසෝ මනසිකාරයෙන් යුතුව තියුණු ප්‍රඥාවකින් යුතුව ලෝසතුනට හිතවැඩ සළසමින් ප්‍රඥා පාරමිතාව පිරූ සේක.

සාරාසංඛෙය්‍ය කල්ප ලක්ෂය මුළුල්ලෙහි අකුසල් දුරුකිරීම පිණිස, කුසල් උපදවා ගැනීම පිණිස පටන් ගත් දැඩි වීර්යය අඛණ්ඩව පවත්වාගනිමින් වීර්යය පාරමිතාව පිරූ සේක.

සාරාසංඛෙය්‍ය කල්ප ලක්ෂය මුළුල්ලෙහි නොයෙක් ආකාරයෙන් පැමිණුනු නින්දා අපහාස, ගැරහිලි, වධබන්ධන ආදියට ලක්වෙමින් තමන්ගේ කුසලච්ඡන්දය අඛණ්ඩව පවත්වාගනිමින් අසාමාන්‍ය වූ ඉවසීමකින් යුක්තව කල්ගත කරමින් ක්ෂාන්ති පාරමිතාව පිරූ සේක.

සාරාසංඛෙය්‍ය කල්ප ලක්ෂය මුළුල්ලෙහි සත්‍යය උදෙසා අනේක වූ දුෂ්කරතාවයන්ට මුහුණ පාමින්

අනේක වූ දුක් කම්කටොලු ඉවසමින් සත්‍යය සුරකිනු වස් සත්‍යයට දිවි පුදා සත්‍යය වෙනුවෙන්ම කැපවීමෙන් සත්‍යය පාරමිතාව පිරූ සේක.

සාරාසංඛෙය්‍ය කල්ප ලක්ෂය මුළුල්ලෙහි කිසිදු බාධාවකට නොසැලී, කිසිදු උපක්‍රමයකට හසු නොවී, තමන් වහන්සේ තුළ තදින් පිහිටුවා ගත් කුසලච්ඡන්දය රැකගනිමින් දැඩි පරාක්‍රමයෙන් යුතුව අධිෂ්ඨානය පුරුදු කරමින් අධිෂ්ඨාන පාරමිතාව පිරූ සේක.

සාරාසංඛෙය්‍ය කල්ප ලක්ෂය මුළුල්ලෙහි අප මහා බෝසතාණන් වහන්සේව මෙත් සිතින් බැහැර කිරීම පිණිස අනේක වූ අධර්ම බලවේගයන් ඒකරාශී වෙමින් නොයෙක් අයුරින් පහර දුන්න ද ලෝක සත්වයා කෙරෙහි පතල හිතානුකම්පී බව නොවෙනස්ව පවත්වමින් සියලු දෙනා හට සම මෙත පතුරුවමින් මෛත්‍රී පාරමිතාව පිරූ සේක.

සාරාසංඛෙය්‍ය කල්ප ලක්ෂය මුළුල්ලෙහි අප මහා බෝසතාණන් වහන්සේ හමුවට පැමිණි ලාභ, අලාභ, අයස, යස, නින්දා, ප්‍රශංසා, සැප, දුක යන අෂ්ට ලෝක ධර්මයන්ගේ අනේක පීඩාවන්ට ලක්වෙමින් නමුත් ඒ කිසිවකට යට නොවී උතුම් සම්බෝධිය පතා උපේක්ෂාව තුළ රැඳී සිටිමින් උපේක්ෂා පාරමිතාව පිරූ සේක.

මිහිකත කම්පා කරමින් පෙරුම් පුරා වඩිනා
මෙත් කරුණා ගුණ දහරින් සෙත සුව සළසමිනා
බුදුබව ලැබුමට සුදුසුව තුසිත ලොවේ සිටිනා
ඒ දෙව්රජ සන්තුසිතය දෙව් සිරි සැප විඳිනා

"මහා වීරයාණෙනි, ශ්‍රී සම්බුද්ධත්වය පිණිස මේ ඔබට කාලයයි. මිනිස් ලොව මව්කුසෙහි පිළිසිඳ ගත මැනැව. සදේවක ලෝකයා භව සයුරෙන් එතෙර කරවීම පිණිස අමෘත පදය නම් වූ ශ්‍රී සම්බුද්ධත්වය සාක්ෂාත් කරන සේක්වා!"

තුසිත ලොවෙහි වැඩසිටිනා බෝසත් දෙව්රජ බුදුබවට ඇරයුම් ලබයි...

මෙසේ පාරමී, උපපාරමී, පරමත්ථ පාරමී වශයෙන් සමතිස් පාරමී පිරූ අප මහා බෝසතාණන් වහන්සේගේ පෙරුම් පුරනා අවසන් ආත්මභාවය වූයේ වෙස්සන්තර ආත්මභාවයයි. වෙස්සන්තර රජුව සිට මිහිකත හඬවමින් මහ දන් දී අප බෝසතාණෝ සන්තුසිත නම් දිව්‍ය රාජව තුසිත දෙව්ලොව උපන්හ.

සම්බුදු උපතට වසර දහසකට පෙර ලොවෙහි කෝලාහලයක් පැන නැංගේය. එය ඇරඹුනේ බඹලොවිනි. දස දහසක් සක්වළම එම කෝලාහලය පැතිර ගියේය. මිනිස් ලොව දක්වා ද එම කෝලාහලය පැතිර ගියේය. එය හඳුන්වන්නේ බුද්ධ කෝලාහලය නමිනි. දෙවිවරු අහසින් පැමිණ මිනිස් ලොවදී මෙසේ ඝෝෂා කළහ.

'පින්වත්නි, පින්දහම් කරව්. තව අවුරුදු දහසක් ඇවෑමෙන් දෙව්මිනිසුන් හට අනුකම්පා පිණිස ලෝ සතුන් සසරෙන් එතෙර කරවීම පිණිස සම්බුදුරජාණන් වහන්සේ නමක් පහළ වන සේක. එකල්හී තොපට ඒ බුදුන්ගෙන් බණ ඇසීමේ වාසනාව උදාවනු ඇත. ඒ දහම දැකීමේ වාසනාව උදාවනු ඇත.'

මෙම බුද්ධ කෝලාහල ඝෝෂාව ඇසූ හිමාල වනවාසී ඍෂිවරයන් වහන්සේලා ඒ බුදුරජුන් කෙසේ හඳුනාගත යුතු දැයි විමසන්නට පටන් ගත්හ. දෙවියන්ගේ උපකාරයෙන් ඔවුන් හට ඒ බුදුරජුන්ගේ සිරුරෙහි පිහිටන මහා පුරුෂ ලක්ෂණ ගැන දැනගන්නට පුළුවන් විය. ඉන්පසුව ලක්ෂණ ශාස්ත්‍රය වශයෙන් එය වේද වේදාංගයන්ට ඇතුළත් විය.

සියලු බ්‍රාහ්මණයන් විසින් එය මැනැවින් හදාරණ ලද්දේය.

එකල්හී මහා බ්‍රහ්මයා ප්‍රධාන සකල දෙවි බඹහු කෘතපුණ්‍ය ලක්ෂණයෙන් හෙබි බුද්ධාංකුර වූ සන්තුසිත දෙව්රජාණන් බැහැදක්නට තුසිත භවනයට වැඩියහ. ඔවුහු සාදර ගෞරවයෙන් සන්තුසිත දෙව්රජුහු හට ඇරයුම් කළහ.

"කාලො'යං තේ මහාවීර - උප්පජ්ජ මාතුකුච්ඡියං,
සදේවකං තාරයන්තෝ - බුජ්ඣස්සු අමතං පදං"

"මහා වීරයාණෙනි, ශ්‍රී සම්බුද්ධත්වය පිණිස මේ ඔබට කාලයයි. මිනිස් ලොව මව්කුසෙහි පිළිසිඳ ගත මැනැව. සදේවක ලෝකයා භව සයුරෙන් එතෙර කරවීම පිණිස අමෘත පදය නම් වූ ශ්‍රී සම්බුද්ධත්වය සාක්ෂාත් කරන සේක්වා!"

මහා වීරයාණෙනි දැන් කාලය පැමිණෙන්නේ
මනුලොව පින් ඇති මව්කුස ඉපදිය යුතු වන්නේ
දෙව් මිනිසුන් භව සයුරෙන් එතෙරට යවමින්නේ
අමා නිවන ඇති බුදු බව ලැබගත යුතු වන්නේ

සන්තුසිත දෙව්රජාණෝ පස්මහ බැලුම් බලති...

ඇරයුම පිළිගත් අප මහා බෝසතාණන් වහන්සේ කාලය, ද්වීපය, දේශය, කුලය සහ මව් යන පස් මහා බැලුම් බැලූ සේක. මෙහි කාලය යනු ධර්මය අවබෝධ කිරීමට හැකි කාලයයි. මිනිස් ආයුෂ සිය වසරට අඩු වූ

කල්හී එය සුදුසු කාලය නොවේ. මිනිස් ආයුෂ ලක්ෂයට වැඩි වූ කල්හි එය ද සුදුසු කාලය නොවේ. එකල මිනිස් ආයුෂ එකසිය විස්සක්ව තිබුණු හෙයින් සුදුසු කාලය බව අප මහා බෝසතාණෝ දුටහ.

බුදුවරු පහළ වන ද්වීපය කුමක්දැයි විමසූ කල්හි එය වනාහී ජම්බුද්ධවීපය යැයි මැනැවින් දුටු සේක.

සම්මාසම්බුදු, පසේබුදු, මහාශ්‍රාවක, සක්විති ආදී මහා පුණ්‍යවන්තයින් පහළ වන්නේ කවර දේශයකදැයි බැලූ කල්හී මධ්‍ය දේශය වශයෙන් දුටු සේක. මෙම මධ්‍ය දේශය වනාහී දිගින් තුන්සීයක් යොදුන් ඇති, පළලින් දෙසිය පනසක් යොදුන් ඇති වටින් නවසියයක් යොදුන් ඇති ප්‍රදේශයකි. කපිලවස්තු පුරය ද මෙම මධ්‍ය දේශයේ පිහිටියේය.

සම්බුද්ධත්වයට පත්වන ආත්මභාවයෙහි බෝසතාණන් වහන්සේලා උපදින්නේ රාජවංශයෙහි හෝ බ්‍රාහ්මණ වංශයෙහි පමණි. මෙසේ කුලය පිළිබඳව විමසද්දී සුද්ධෝදන රජ පරපුරෙහි ඔක්කාක රාජවංශය දුටු සේක.

පිළිසිඳ ගැනීම පිණිස සුදුසු බෝසත් මාතාව සොයන කල්හි පූරිත පාරමිතාවන්ගෙන් හෙබි පාරිශුද්ධ සිල් ඇති උතුම් ගුණයන්ගෙන් අනූන වූ සුදොවුන් මහරජුන්ගේ අග්‍ර මහේෂිකාව වූ මහාමායා නම් දේවිය දුටු සේක.

දෙව් පිරිසෙන් ඇරයුම් ලැබ නුවණින් විමසන්නේ
පස්මහ බැලුමන් බලමින් සිත සකසා ගන්නේ
සිල් ඇති මායා බිසවුන් මව් ලෙස පිළිගන්නේ
අප බෝසත් මුනිඳාණන් මනුලොවටයි එන්නේ

එකල්හී වලා අතරින් නිල් අහස් කුසින් සුදෝ සුදු පැහැයෙන් යුතු
මනස්කාන්ත සෝභා ඇති කුඩා ඇත් පැටවෙක් පැමිණියේය.

පින් ඇති මව්කුස පිළිසිඳ ගන්නේ

ඒ ඇසළ මැදිපොහොය දවසයි. කිඹුල්වත්පුරවාසීහු නැකැත් කෙළියෙහි යෙදෙමින් ප්‍රීතියෙන් සතියක්ම ගත කළහ. මහාමායා බිසොවුන් වහන්සේ සුවඳ පැන් නහා පිවිතුරු වත් හැඳ දන් පැන් පුදා ශ්‍රී යහන් ගබඩායෙහි සුව සේ නිදා සිටියහ. එකල්හි ඕතොමෝ එක්තරා සිහිනයක් දුටුවාය. සතරවරම් දෙව්මහ රජදරුවෝ නිදා සිටි බිසොවුන් වෙත පැමිණියහ. ඇය සැතපී සිටි යහන සමඟින් හිමවතට ඔසොවා ගෙන ගියහ. එහි සුවිශාල හිරියල් ගල්තලායෙක සුපිපි මලින් හෙබි සල් රුකක් විය. දෙව්වරු බිසොවුන් නිදා සිටි යහන ඒ සෙවණෙහි තැබූහ. එකල්හී එම දෙව්රජදරුවන්ගේ අග්‍රමහේෂිකාවෝ සිව් දෙන එහි පැමිණියහ. මහාමායා බිසොවුන්ගේ මනුලොව හැඳි සළුපිළි හරවූහ. අනවතප්ත විලෙන් සිහිල් දිය නැහැවූහ. දෙව්සළුපිළි හැන්දවූහ. දිවමල් පැළඳවූහ. දිව සුවඳවිලවුන් ගැල්වූහ. මැනැවින් සැරසූහ. ඉක්බිති අනවතප්ත විල් තෙර පිහිටි රිදී පර්වතයෙහි ඇති රන් යහනෙක බටහිරට සිරස ලා සැතැප්පවූහ.

එකල්හී වලා අතරින් නිල් අහස් කුසින් සුදෝ සුදු පැහැයෙන් යුතු මනස්කාන්ත සෝභා ඇති කුඩා ඇත් පැටවෙක් පැමිණියේය. සුදු නෙළුම්මලක් සොඬෙහි රඳවාගෙන තිබුණි. හේ බිසවුන් වහන්සේ වටා තුන් වරක් පැදකුණු කළේය. බිසොවුන්ගේ දකුණු ඇලයෙන් කුසට ඇතුළු වූයේය.

එකෙණෙහි මහාමායා බිසව මහත් සතුටකින් යුතුව සිනහ සෙමින් අවදි වූවාය. ඕ තොමෝ තමා දුටු ස්වප්නය සුදොවුන් මහරජාණන් හට දැන්වූවාය. අනාවැකි පළකරන

ස්වප්න ශාස්ත්‍රය දත් බ්‍රාහ්මණවරු පැමිණ කරුණු හෙළි කළහ. "පින්වත් රජ්ජුරුවන් වහන්ස, සතුටු වන සේක්වා. ඔබවහන්සේගේ දේවීන් කුස පින්වත් දරු ගැබෙක් පිහිටියේය. හේ වනාහී මහා පුරුෂෝත්තම කෙනෙකි. ලෝ සතුන් හට සෙත සලසන කෙනෙකි."

අප මහා බෝසතාණන් වහන්සේ මනුලොව පිළිසිඳගත් මොහොතේ දස දහසක් සක්වල පුරා ආලෝකයක් පැතිරී ගියේය. ලොවෙහි මංගල සිරියක් ගත්තේය. ලෝකාන්තරික නරකය පවා ආලෝකවත් වූයේය. උන්වහන්සේ උපන්දා යශෝදරා දේවීන් වහන්සේ ද පිළිසිඳ ගත්හ. ශ්‍රී මහා බෝධීන් වහන්සේ ද පැනනැංගාහුය. ඡන්න තෙමේ ද පිළිසිඳ ගත්තේය. කාළුදායී තෙමේ ද පිළිසිඳ ගත්තේය. රාජමාලිගයෙහි ඉතා වංශවත් සෛන්ධව කුලයට අයත් කන්ථක අස් පොව්වා ද පිළිසිඳ ගත්තේය.

සුදු ඇත් පැටවෙක් නෙළුමක් සොඬින් රැගෙන එන්නේ
අනවතප්ත විල් තෙර බිසවුන් සැතපී ඉන්නේ
ඇත් පැටවා තුන් වටයක් පැදකුණු කරමින්නේ
දකුණැලයෙන් බිසවුන්ගේ කුසයට පිවිසෙන්නේ

මනුලොව වඩිනා සේක බුදුකුරු සිරිමතාණෝ...

මහා බෝසතාණන් වහන්සේ මව් කුසෙහි සුවසේ වැඩෙනා සේක. සිය මෑණියන් සමඟ පිළිසඳර බස් දොඩනා සේක. මහාමායා බිසවුන් වහන්සේ ද රත් පළසෙක තැබූ දෑරඟ මිණක් දක්නා සෙයින් කුසෙහි වැඩෙනා සිඟිති දරු දකිමින් සතුටු වන්නාහුය.

පිරුණු දසමසින් යුතු දරු ගැබ ඇති මහාමායා බිසව් තොමෝ දෙව්දහ නුවරට යනු කැමතිවූවාය. මහාමායා බිසව් තොමෝ සරසන ලද යහනාවෙන් යුතු වූ පෙරහැරකින් වඩිමින් සිටියාය. සිනිඳු ඡායාවෙන් හෙබි සුපිපි සල් මලින් හෙබි ලුම්බිණි සාල වනෝද්‍යානය අතරමගදී මුණගැසුණි. දේවි තොමෝ සල් උයනයට පිවිසෙනු කැමති වූවාය. පිරිවර සමඟ මහත් ප්‍රීතියෙන් යුතුව සාල වනෝද්‍යානයට පිවිසි මහාමායා බිසොවුන් වහන්සේ එක්තරා සුපිපි සල් රුකක් අසළට පැමිණියාය. අත ඔසොවා එහි සල් අත්තක් අල්ලන්නට සූදානම් වූවාය. එකල්හී එම සල් අත්ත තෙමේම පාත් වී ඇයගේ අතෙහි රැඳුණාය.

එකෙණෙහිම අපගේ බෝසත් කුමරු බිහිවන ලකුණු පහළ විය. මහාමායා දේවී තොමෝ මල් පිපී ගිය සල් අත්තෙහි අත රඳවා සිටිවනම සිටියාය. එකල්හී දෙව් මිනිසුන්ගේ හිතසුව පිණිස පූරිත පාරමී ගුණයෙන් ශෝභමාන වූ අප මහා බෝසතාණන් වහන්සේ ධර්මාසනයකින් බස්නා ධර්මකථිකයෙකු සෙයින් මවට දුක් නූපදවා මනුලොව වැඩිසේක. එදා වෙසක් පොහෝ දවසකි. ඒ මින් වසර දෙදෙහස් හයසිය තිස් පහකට පෙරය. මහා බ්‍රහ්මරාජවරු සිව්දෙනෙක් පැමිණ රන් සළුවෙකින් සිඟිති බෝසත් දරුවාණන් පිළිගත්හ.

"පින්වත් දේවීන් වහන්ස, සංතෝෂයට පත්වන සේක්වා! නුඹවහන්සේට මහේශාක්‍ය වූ නර ශ්‍රේෂ්ඨ වූ දරුවාණ කෙනෙකුන් උපන් සේක."

එකල්හී සිසිලෙන් යුතු හා උණුසුමෙන් යුතු දිය දහරා දෙකකින් මේ උතුම් මව් පුතු දෙදෙනා නැහැවී ගියේය.

"පින්වත් දේවීන් වහන්ස, සංතෝෂයට පත්වන සේක්වා! නුඹවහන්සේට මහේශාක්‍ය වූ නර ශ්‍රේෂ්ඨ වූ දරුවාණ කෙනෙකුන් උපන් සේක."

ඉක්බිති සතරවරම් දෙව් මහරජ දරුවෝ බෝසත් පුතු පිළිගත්හ. මැණියන් අතට දුන්හ. සිය මැණියන්ගේ අතින් බිමට බට අප මහා බෝසතාණන් වහන්සේ මැනැවින් පොළොවෙහි සිටගත් සේක. දස දිශාව මැනැවින් බලා උතුරු දෙසට සත් පියවරක් පෙරට වැඩි සේක. එකල්හී පියවරක් පාසා මහ පොළොවෙන් පිපී ගිය නෙළුම් මතුවී සිඟිති සිරිපා යුග පිළිගත්තේය. උන්වහන්සේ දකුණත උඩට ඔසොවා දබරැඟිල්ල අහසට දිගු කොට මිහිරි බඹසර විහිදුවමින් මෙසේ පැවසූ සේක.

"අග්ගෝ හමස්මි ලෝකස්ස
ජෙට්ඨෝ හමස්මි ලෝකස්ස
සෙට්ඨෝ හමස්මි ලෝකස්ස
අයමන්තිමා ජාති නත්ථිදානි පුනබ්භවෝ'ති"

ලොවෙහි අගපත් කෙනා වෙමි මම්. ලොවෙහි වැඩිමල් කෙනා වෙමි මම්. ලොවෙහි උත්තම කෙනා වෙමි මම්. මෙයයි අන්තිම උපත මාගේ. නොමැත මට දැන් පුනර්භවයෙක්.

එකල්හී දස දහසක් ලෝ දා ප්‍රීති සොම්නසින් ප්‍රකම්පිත විය. මහත් වූ ආලෝකයක් ලොවෙහි පැතිර ගියේය. පිනිබර සිහින් වැසි පොදක් ලොව පුරා වැස්සේය. අවීචි නිරයෙහි පවා මොහොතකට ගිනිදැල් නිවී ගියේය. සකල ලෝකවාසීන් තුළ මහත් සතුටක් පැනනැංගේය.

මායාසුතෝ සුගත සාකිය සීහනාථෝ
ජාතක්ඛණේ සපදසා මහි චංකමිත්වා
යස්මිං උදීරයි ගිරිං වර ලුම්බිණිම්හි
තං ජාත චේතියමහං සිරසා නමාමි

මායා බිසව්ගේ කුසින් - වැඩි බෝසතාණෝ
ඒ මොහොතෙ දී පියවරින් - සක්මන් කළෝ මෙහි
විහිදූ මිහිරි සිහනදින් - ලුම්බිණී උයන්හී
ඒ ජාත චේතිය උතුම් - සිරසින් වදිම් මම්

බෝසත් පුතු ලුම්බිණි සල් උයනේ බිහි වෙන්නේ
දෙව් බඹුගෙන් පිදුම් ලබා පා යුග තබමින්නේ
සත් පියවර නගා තුටින් සිහනද පතුරන්නේ
මහපොළොවෙන් පියුම් පිපී සිරිපා පිළිගන්නේ

දෙව්ලොව දෙවියෝ තුටු වෙති.

එකල්හී අසිත නම් මහා ඍෂිවරයා දිවාවිහරණය පිණිස තව්තිසාවට ගොස් සිටියේය. සැණෙකින් මුළු තව්තිසාවම උත්සවශ්‍රීයෙන් ඇළලී ගියේය. දෙවියෝ දෙව් සළුපිළි අහසේ බමවමින් ඔල්වරසන් දුන්හ. දෙව් ගීතිකාවන් ගැයූහ. දෙව් බෙර වැයූහ. දෙව් නැටුම් දැක්වූහ. අසුරයන් පරදා සුරයන් දිනූ කල්හී වත් නොදක්නා ලද මෙම අසිරිය දුටු අසිත ඍෂිවරයාණෝ දෙවියන්ගෙන් විමසූහ. ප්‍රීතියෙන් ඔදවැඩී ගිය සිතින් යුතුව දෙවියෝ පිළිවදන් දුන්හ.

"සො බෝධිසත්තෝ රතනවරෝ අතුල්යෝ
මනුස්සලෝකේ හිතසුඛායජාතෝ
සක්යානගාමේ ජනපදේ ලුම්බිණෙය්යේ
තේනම්හ තුට්ඨා අතිරිවකල්‍ය රූපා"

ඒ අප මහා බෝසතාණෝ ලොවෙහි අසම වූ උතුම් මාණික්‍යයක් මැයි. දෙව්මිනිස්නට හිතසුව පිණිස මිනිස් ලොවෙහි උපන් සේක. ශාක්‍යයන්ගේ ජනපදයෙහි ලුම්බිණී

සාලවනෝද්‍යානයෙහි මහාබෝසතාණන්ගේ උපත සිදුවූ හෙයින් සතුටු වෙමු අපි මහා ප්‍රීතියෙන් ඉල්පී යමු අපි.

"සො සබ්බසත්තුත්තමො අග්ගපුග්ගලො
නරාසභො සබ්බපජානමුත්තමො
වත්තෙස්සති චක්කං ඉසිව්හයෙ වනෙ
නදංව සීහො බලවා මිගාභිභූ"

ඒ අප මහා බෝසතාණෝ සියලු සතුන්හට උතුම් වන සේක. අග්‍ර පුද්ගල වන සේක. නරෝත්තම වන සේක. සියලු ප්‍රජාවට උතුම් වන සේක. හැමසතුන්ගේ හඬ මැඩලමින් බලවත්ව නාද පතුරන සිංහරාජයෙකු සේ ඉසිපතන් මුවලැව්හි දම්සක් පවත්වන සේක.

දෙව්ලොව දෙවියෝ සතුටින් ඔල්වරසන් දෙන්නේ
දිවසළු නගමින් අහසේ ගී ගයමින් ඉන්නේ
බුදු බව ලබනා බෝසත් මනුලොව උපදින්නේ
තුන් ලොවටම සෙත සළසන යුගයකි ළඟ එන්නේ

අසිත තවුසාණෝ බෝසතාණන් හඳුනාගත්හ.

දෙවියන්ගේ ස්තුති ප්‍රශංසා ඇසූ අසිත ඍෂිවරයාණෝ සැණෙකින් මනුලොව බටහ. සුදොවුන් රජුගේ මාළිගයට පිවිසියහ. සුදොවුන් නිරිඳාණන්ගෙන් අසිරිමත් දරු සිඟිත්තිතා දකිනු කැමති බව ඉල්ලා සිටියහ. එකල්හී ඉතා සොඳුරු සිරියාවෙන් බබලන පුණ්‍ය ලක්ෂණයෙන් අනූන වූ සිඟිති බෝසත් පුතු දෝතින් වඩාගෙන ආ සුදොවුන් නිරිඳු අසිත ඍෂිවරයා හට පෙන්වා සිටියේය.

භවත් මහරජාණෙනි, තොපගේ මේ දරුවාණෝ මහාපුරුෂ ලක්ෂණයන්ගෙන් සමන්විතයහ. මහා පිනැතියහ. ලොවෙහි අගපත් වන්නාහුය. නිසැකවම මේ වනාහී ශ්‍රී සම්බුද්ධත්වය ලැබගන්නා උදාර දරු සිඟිත්තාණ කෙනෙකි.

දරු සිඟිත්තා පිළිගන්නට දෑත දිගු කරද්දී සිඟිති දරුවාගේ ශ්‍රී පතුල් අසිතයන්ගේ ජටායෙහි දැවටුණේය. එසැණින් අසිත තෙමේ හුනස්නෙන් නැගිට්ටේය. පොළොවෙහි දණගසා ගත්තේය. ඇඳිලි බැඳ වන්දනා කරමින් බෝසතාණන් වහන්සේව දෝතින් පිළිගත්තේය. මෙම අසිරිය දුටු සුදොවුන් නිරිඳු තෙමේ ප්‍රීතියෙන් හරිතව තම පුතු පා වන්දනා කළේය.

දරු සිඟිත්තා දෝතට ගත් සැණින් මහා පුරුෂ ලක්ෂණ එකිනෙක දක්නට අසිත ඍෂිවරයාණෝ සමත් වූහ. විටෙක හේ සතුටින් සිනාසුණේය. මොහොතකින් හේ කඳුළු වගුළේය. රජතෙමේ බියපත් විය. "අහෝ! පින්වත් ඍෂිවරයාණෙනි, මපුතු හට අනතුරෙක් වත්ද?" "නැත, භවත් මහරජාණෙනි, තොපගේ මේ දරුවාණෝ මහාපුරුෂ ලක්ෂණයන්ගෙන් සමන්විතයහ. මහා පිනැතියහ. ලොවෙහි අගපත් වන්නාහුය. නිසැකවම මේ වනාහී ශ්‍රී සම්බුද්ධත්වය ලැබගන්නා උදාර දරු සිඟිත්තාණ කෙනෙකි. එනිසාය මා සිනහසුනේ. නමුත් මේ දරු යම් දිනෙක සම්බුද්ධත්වයට පත්වෙයිද, දම්සක් පවත්වයිද, එය මට අසන්නට නොලැබේ. නොබෝ කලකින් මා මිය ගොස් අරූප තලයෙහි උපදිනු ඇත. එකල්හී මේ අසිරිමත් සිරි සම්බුදු මුව මඬලින් දහම් අසන්නට මට නොහැකි වනු ඇත. එනිසාය මා කඳුළු වගුළේ."

ඉසිවරයා ඇවිත් සිඟිති පුතු දෝතට ගන්නේ
මහා පුරිස සලකුණු එකිනෙක විමසා ලන්නේ
සම්බුදු බව ලබනා පුත් රුවනයි දැකගන්නේ
බෝසත් පුතු පියරජුගෙන් වැඳුම් ලබාගන්නේ

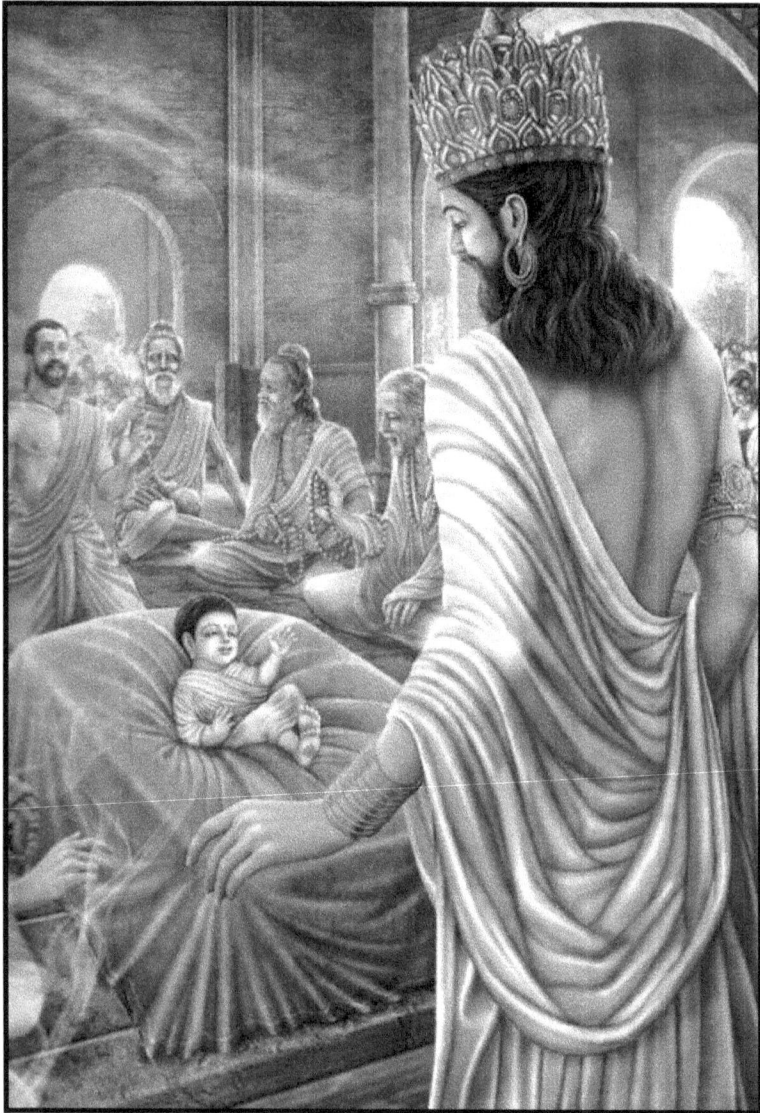

ලොවට සෙත සළසන උතුමාය යන අර්ථයෙන් කුමරුට සිද්ධාර්ථ යන නම ලැබුණි.

දරු සිඟිත්තාට නම් ලැබේ

සුදොවුන් රාජ මාළිගයෙහි මහෝත්සවයෙකි. රාම, ධජ, ලක්ඛණ ආදී බ්‍රාහ්මණවරු අට දෙනෙක් රැස්වූහ. ඒ සිඟිති දරුවාට නම් තැබීමටයි. ඔවුන්ගෙන් සත් දෙනෙක් ඇඟිලි දෙකක් ඔසොවා මෙසේ පවසා සිටියහ.

"භවත් මහරජ, මේ දරු සිඟිත්තා ගෘහවාසයෙහි රැඳුණොත් ලොව එක්සේසත් කොට චක්‍රවර්තී රජ බවට පත්වෙනු ඇත. යම්හෙයකින් ගෘහවාසය අත්හැර අබිනික්මන් කළහොත් තුන්ලොව ජයගෙන ශ්‍රී සම්බුද්ධත්වයට පත්වනු ඇත." එකල්හී සැමට බාල වූ කොණ්ඩඤ්ඤ නම් බ්‍රාහ්මණ තෙමේ එක් ඇඟිල්ලක් ඔසොවා මෙසේ පැවසුවේය.

"භවත් රජතුමනි, මේ දරු ඒකාන්තයෙන්ම ගෘහ වාසය අත්හරින්නේය. අබිනික්මන් කරන්නේය. ශ්‍රී සම්බුද්ධත්වය සාක්ෂාත් කරන්නේය."

"පින්වත් කොණ්ඩඤ්ඤ බ්‍රාහ්මණතුමනි, මේ මාගේ පුත්‍රරත්නය ගෘහ වාසය අත්හරින්නේ කෙසේද?"

"පින්වත් මහරජ, මොහු පෙරනිමිති සතරක් දකිනු ඇත. සසරෙහි කලකිරෙනු ඇත. එවිට විමුක්තිය සොයමින් අබිනික්මන් කරනු ඇත."

"පින්වත් කොණ්ඩඤ්ඤ බ්‍රාහ්මණතුමනි, පෙරනිමිති සතර යනු මොනවාද?"

"පින්වත් මහරජ, මේ දරු තෙමේ යම් දිනෙක වයෝවෘද්ධ මහල්ලෙකු දකී ද, රෝගයෙන් පීඩිත වූවෙකු දකී ද, මෘත ශරීරයක් දකී ද, ශ්‍රමණ රුවක් දකී ද එකල්හී මොහුගේ ජීවිතය වෙනස් මාවතක ගමන් කරනු ඇත. එය ශ්‍රී සම්බුද්ධත්වය සොයා යන ගමනේ ආරම්භයයි."

හේ දෙපා නවා පද්මාසනයෙන් වාඩි විය. කෙමෙන් කෙමෙන්
ආනාපානසතියට සිත යොමු වී ගියේය. සැණෙකින් සිත සමාහිත විය. දැහැන්
ගත විය.

ලොවට සෙත සළසන උතුමාය යන අර්ථයෙන් කුමරුට සිද්ධාර්ථ යන නම ලැබුණි.

දඹරුක් සෙවණේ පෙළහර පානා සිඟිති දරුවාණෝ

සුදොවුන් රජුගේ රාජකීය වප් මඟුල පැමිණියේය. කුඩා අවදියෙහි කල්ගෙවන සිඟිති කුමරාද එහි රැගෙන ගියහ. සක් පිඹිමින්, බෙර වයමින් උත්සවාකාරයෙන් පැමිණි සුදොවුන් නිරිඳු රන් නඟුල ගෙන වප් මඟුල පිණිස කුඹුරට බැස්සේය. සිනිඳු ඡායාවෙන් හෙබි දඹරුක් සෙවණක සිඟිති බෝසත් පුතු සැතපී සිටියේය. වටතිර ඇද දරුවාට රැකවරණ සැළසිණ. කිරි මව්වරුද වප් මඟුලේ සිරිය බලමින් සිටියහ. සිඟිති බෝසත් දරු තෙමේ අවදි වූයේය. කිසිවෙකු පෙනෙන්නට නැත. හේ දෙපා නවා පද්මාසනයෙන් වාඩි විය. කෙමෙන් කෙමෙන් ආනාපානසතියට සිත යොමු වී ගියේය. සැණෙකින් සිත සමාහිත විය. දැහැන් ගත විය. සිරුර සැහැල්ලු වී ගියේය. සිටි තැනින් ඉහළට එසැවී ගියේය. කිරි මව්වරු පැමිණ බලද්දී පළඟක් බැඳ පොළොවට ඉහළින් භාවනාවෙන් සිටින කුමරුන් දැක රජතුමා වෙත දුව ගොස් හඬනගා පවසා සිටියහ. ප්‍රීති භරිත හදින් ඉපිල ගිය සුදොවුන් නිරිඳු තම සිඟිති දරුට වන්දනා කරමින් 'මා අදරැති පුත, මේ තොප පියාණන් තොපට වඳිනා දෙවන වැඳුම' යැයි පැවසුවේය.

දඹරුක් සෙවණේ බෝසත් පුතු සැතැපී ඉන්නේ
අවදිව සැණෙකින් දහමට සිත යොමු කරලන්නේ
දැහැන් ලබන සිඟිති පුතා අහසේ වැඩඉන්නේ
බෝසත් පුතු යළිත් පියාගෙන් වැඳුමන් ගන්නේ

බෝසත් කුමරා සුවසේ කල්ගෙවයි.

සුදොවුන් නිරිඳු තම පුත් කුමරු වෙනුවෙන් හේමන්ත, ගිම්හාන, වස්සාන යන ඍතු ගුණයන්ට ගැලපෙන පරිදි රම්‍ය, සුරම්‍ය, සුභ නමින් තුන් ප්‍රාසාදයක් කරවූයේය. සොළොස් වැනි වියෙහිදී යශෝදරා නම් වූ පින්වත් කුමරිය සරණපාවා දුන්නේය. ගිහි ගෙය අත්නොහරිනු පිණිස සියලු සැප සම්පත් සළසා දුන්නේය. කලකිරෙන්නට නිසි සියල්ලෙන් වළකාලූයේය. සිදුහත් කුමරාණන් හට සතර පෙර නිමිති ඇස නොගැටෙන්නට කපිලවස්තු රාජධානිය මැනැවින් සංවිධානය කරන ලද්දේය. එහෙත් සුවසේ වැඩෙන සිදුහත් කුමරා අබිනික්මන් කිරීමට කල් පැමිණෙන බව දෙවියෝ දුටහ.

සිදුහත් කුමරු සතර පෙරනිමිති දකී.

දිනක් සරසන ලද අස් රියෙන් සිදුහත් කුමරු ඡන්න ඇමතියා සමඟ උයන් කෙළියට යමින් සිටියේය.

එකල්හී එක්තරා දිව්‍ය පුත්‍රයෙක් ජරාවෙන් දෑදුරු වී ගිය පැසී පිළිකුල් බවට පත් වූ කෙස් ඇති, වක ගැසුණු සිරුරෙන් යුතු, දූක සේ හුස්ම ගන්නා, ඇවිද යා නොහැකි, අබල දුබල වූ මහල්ලෙකුගේ වෙස් ගෙන නැති වී ගිය යොවුන් බව සොයන්නෙකු සේ කුමරුන් ඉදිරියෙහි දිස් වූයේය. මෙය කුමරුන්ට නුපුරුදු දසුනක් විය. හේ ඡන්නයන්ගෙන් විමසා සිටියේය. ඡන්නයන් පිළිතුරු දුනි.

"පින්වත් කුමරාණෙනි, ඔය සිටින්නේ මහල්ලෙකි. මොහුගේ ජීවිතය ටික දිනකින් අවසන් වනු ඇත. මෙය උපන් සියල්ලන්ටම අයිති පොදු දහමෙකි. මෙයින් මිදුණ කෙනෙක් ලොවෙහි නැත." සිද්ධාර්ථ කුමරු ආපසු හැරී

ගියේය. කල්පනාවට වැටුණේය. ජරාවට පත් වීම කෙරෙහි කළකිරුණේය.

යළි දිනක් උයන් කෙළියට යමින් සිටියදී එක්තරා දිව්‍ය පුත්‍රයෙක් රෝගියෙකු වේශයෙන් පැමිණියේය. ඔහුගේ සිරුර පුරා ගෙඩි මතු වී තිබුණේය. මළ මූත්‍ර වැගිරෙමින් තිබුණේය. හිස අවුල් වී තිබුණේය. මුහුණ විරූපී වී තිබුණේය. බැගෑ හඬින් කෙඳිරි ගාමින් සිටියේය. "අහෝ ඡන්නයෙනි, කවරෙක්ද මොහු?"

"පින්වත් කුමරුනි, මේ වනාහී රෝගී බවයි. රෝගී වූ විට අසරණ වේ. බලවත් ලෙස දුකට පත්වේ. මෙය උපන් සියල්ලටම පොදු දහමෙකි. මෙයින් මිදුණ උපතක් ලොවෙහි නැත."

එදින ද සිද්ධාර්ථ කුමරු ආපසු හැරී ආයේය. ලෝවැස්සන් ජරාවෙන් හා රෝග පීඩාවෙන් දුක් විඳිනා අයුරු සිහි වන විට කුමරුන්ගේ සිත කම්පා වූයේය. හේ කලකිරුණේය. යළි දිනක් කුමරුන් උයන් කෙළියට පිටත්ව ගියේය. එකල්හී එක්තරා දිව්‍ය පුත්‍රයෙක් මළ මිනිසෙකුගේ වේශයෙන් සිටියේය. තවත් දෙව්වරු මිනිස් වෙසින් පැමිණ ඔහු වටා හඬමින් වැළපෙමින් සිටියහ.

"භවත් ඡන්නයෙනි, කුමක් වූයෙහිද? මක් නිසා හඬන්නහුද?"

"පින්වත් කුමාරයාණෙනි, මේ වනාහී මරණයයි. උපන් සියල්ලෝම මැරී යති. උපතත් සමඟ මරණය උරුම වී ඇත. මෙයින් මිදී ගිය උපතක් ලොවෙහි නැත."

සිදුහත් කුමරු ආපසු හැරී ගියේය. අහෝ! ලෝවැස්සා ජරායෙන්ද, රෝගපීඩායෙන්ද, මරණයෙන් ද පෙළෙමින් සිටිති. අනේක දුක්ඛ දෝමනස්සයන් විඳිමින්

සිදුහත් කුමරු සතර පෙරනිමිති දකියි

සිටිති. අහෝ! උපන්නහුට නැත්තේද පිළිසරණක්!" හේ තවතවත් කළකිරුණේය.

යළි දිනක් උයන් කෙළියට යන අතරමගදී එක්තරා බ්‍රහ්මකායික දෙවිකෙනෙක් ශ්‍රමණ වෙසින් පෙනී සිටියේය. හේ හිස මුඩු කොට තිබුණි. ශාන්ත ලෙසින් සඟල සිවුරු පොරොවා තිබුණි. මැටි පාත්‍රයක් අතෙහි තිබුණි. සන්සුන් පියොවින් බිමට යොමු වී නෙතින් සෙමින් වඩිමින් සිටියේය. මෙම දසුන දුටු සැණින් කුමරුන්ගේ සිත පහන්ව ගියේය.

"අන්න ඡන්නයෙනි, කවරෙක්ද මොහු?"

"පින්වත් කුමරුනි, මෙතෙමේ ශ්‍රමණයෙකි. හේ යහපත සොයයි. කුසලය සොයයි. පුණ්‍ය ක්‍රියාවන් සොයයි. සකළ සත්වගට හිතසුව සොයයි."

"ඡන්නයෙනි, ඉතා මැනැවි. මා මොහු මුණගැසිය යුතුය. මොහුගෙන් විමසිය යුතුය."

"භවත් ශ්‍රමණය, ඔබේ ඔය දිවියට කිසියම් අරුතෙක් තිබේද?"

"එසේය පින්වත් කුමරාණෙනි, මම් වනාහී ශ්‍රමණයෙක්මි. ශ්‍රමණවරු යහපත සොයති. කුසලය සොයති. පුණ්‍යක්‍රියාවන් සොයති. ලෝ සත්නට අනුකම්පායෙන් හිත සුව සොයති."

කල් බලනා දෙවියන් කුමරුන් පෙරටයි එන්නේ
සතරක් පෙර නිමිති ලෙසින් මැනවින් පෙන්වන්නේ
ලෝසත විඳිනා දුක ගැන දැන් පැහැදිලි වන්නේ
බෝසත් කුමරුට සසරේ ඇති තතු වැටහෙන්නේ

සිදුහත් කුමරාණෝ අබිනික්මන් කරති

සිදුහත් කුමරු මහත් ප්‍රීතියට පත්වූයේය. ඔද වැඩුණු සිතින් යුතුව උයන් කෙළියට ගියේය. උයන් පොකුණෙහි සිසිල් පැනින් නහගත්තේය. නා නා වස්ත්‍රයෙන් සැරසුණේය. එකල්හී සක්දෙව් රජහු විශ්වකර්ම දිව්‍යපුත්‍රයා ඇමතුවේය.

"යහළු විශ්මකර්මයෙනි, වහා යව. කුමරුන් සරසාලව. සිද්ධාර්ථ කුමාරයාණෝ අද රාත්‍රියෙහි අභිනික්මන් කරනා සේක. මෙය උන්වහන්සේගේ අවසාන සැරසීමයි."

විස්කම් දෙව්පුතු සැණෙකින් මනුලොව පැමිණියේය. කරණවෑමියෙකුගේ වෙස්ගෙන බෝසතුන්ගේ සිරස අලංකාර කළේය. මෙසේ දිව්‍ය ශෝභායෙන් යුතු සිද්ධාර්ථ කුමාරයා යළි නුවරට පිවිස පැමිණෙන කල්හි බෝසතුන්ගේ රූප ශ්‍රීය දුටු කිසාගෝතමිය උදානයක් පහළ කළාය.

"නිබ්බුතා නූන සා මාතා - නිබ්බුතා නූන සෝ පිතා
නිබ්බුතා නූන සා නාරී - යස්සායං ඊදිසෝපති"

මේ කුමරුන්ගේ ඒ මෑණියන් වහන්සේ සැබැවින්ම නිවී ගියාහුය. මේ කුමරුන්ගේ ඒ පියාණන් වහන්සේ සැබැවින්ම නිවී ගියාහුය. මෙබඳු වූ ස්වාමි වරයෙකු ඇති යම් ස්වාමිදියණියක ඇත්ද ඕතෝමෝ ද සැබැවින්ම නිවී ගියාය.

සිදුහත් කුමරුන් අරහයා නිවීම ගැන උදන් අනන්නා වූ කිසා ගෝතමියගේ වදන් ඇසූ සිද්ධාර්ථ කුමාරයන් මහත් සතුටට පත් වූයේය. තමන්ගේ අගනා මුතුහර ගෙලින් මුදා ඇයට තෑගි කොට යැව්වේය.

නිවුණු සිතින් යුතු ශ්‍රමණයන් දුටු වේලෙහි පටන් කුමාරයන්ගේ සිතෙහි කම්සැපයට ඇති ලොල් බව නැතිවී ගියේය. යළි යළිත් සිහිපත් වූයේ තමන් දුටු ශ්‍රමණ රූපයයි. එදින රාත්‍රියෙහි නාටිකාංගනාවෝ පැමිණ මිහිරි ගී පද ගැයූහ. පංච තූර්ය නාදයෙන් යහන් ගැබ ඒක නින්නාද කළහ. විදුලිය සේ ලෙලදෙමින් නැටුම් දැක්වූහ. එහෙත් ශ්‍රමණ රුවෙන් ලත් ශාන්ත භාවයට සිත් බැඳගත් කුමරු කම්සැපයෙහි උකටලී වූහ. නිදන්නට වන්හ. මැදියම් රැයෙහි කුමරු අවදි වූයේය. මාළිගාව දිස්වූයේ අමුසොහොනක් මෙනි. තැන තැන වැටී කෙළ වගුරුවමින් ගොරවමින් දොඩවමින් නිදා සිටින්නා වූ නළඟනන්ගේ විප්‍රකාර දුටුවේය. හේ සංවේගයට පත්විය.

"අහෝ! මෙම ගෘහ වාසය නම් උපද්‍රවයෙක්මය. අනතුරෙක්මය."

හේ සිරියහන් ගැබින් නික්ම ඡන්නයන් කරා ගියේය.

"ඡන්නයෙනි, අදම මා අභිනික්මන් කළ යුතුය. වහා අසු සකසන්න."

සිදුහත් කුමරුට රාහුල පුතු දැකීමෙහි ආශායෙක් හටගති. හේ යළි උඩුමහලට ගියේය. රාහුලමාතාවන්ගේ යහන් ගැබෙහි දොර කවුළු සෙමෙන් විවර කළේය. රාහුල මාතාවෝ සිඟිති රහල් කුමරු තුරුලෙහි රඳවාගෙන සුවසේ නිදා සිටියාය. යම් හෙයකින් රාහුල මාතාවන් අවදි වුවහොත් ගමනට බාධාවක් වන්නේ යැයි සළකා නිහඬවම ආපසු හැරී ආයේය. කන්ථකයන් පිට නැගී නැගෙනහිර ද්වාරයෙන් පිටත්ව ගියේය. අසිරියෙකි! ද්වාරපාලකයෝ නින්දේ සිටියහ. දෙවියෝ දොරගුළු හැර දුන්හ. අශ්වයාගේ කුරහඬ කිසිවෙකුටත් නෑසුණේය.

කන්ථකයන් පිට නැගී නැගෙනහිර ද්වාරයෙන් පිටත්ව ගියේය. අසිරියෙකි! ද්වාරපාලකයෝ නින්දේ සිටියහ. දෙවියෝ දොරගුළු හැර දුන්හ. අශ්වයාගේ කුරහඬ කිසිවෙකුටත් නෑසුණේය.

රහල් පුතු ද බිම්බාව ද සුවසේ සැතපෙන්නේ
කුමරුන් ඇවිදින් ඒ දෙස බලා හැරී යන්නේ
කන්ථක අසු පිටින් කුමරු වන ගැබටයි යන්නේ
දෙවියෝ ඇවිදින් කුමරුට දෙරගුලු හැර දෙන්නේ

මාරයා පැමිණ කුමාරයාට බාධා කරයි.

මාළිගා ද්වාරයෙන් නික්මුණු සැණින් අහසෙහි සර්වාභරණයෙන් සැරසුණු දෙව් කෙනෙක් පෙනී සිටියේය. හේ කුමරුන්ට නමස්කාර කරමින් මෙසේ පැවසුවේය.

"භවත් කුමරාණෙනි, අබිනික්මන් නොකරන සේක්වා! සත් දිනක් මාළිගායෙහි රැඳී සිටින සේක්වා! සත් දිනක් ඇවෑමෙන් ඔබට චක්‍රවර්තී මාණික්‍යය පහළ වන්නේය. එකල්හී දඬු මුගුරු වලින් තොරව අවි ආයුධ වලින් තොරව ඔබට ලොව පාලනය කරමින් සැප සළසා දිය හැකිය."

"එම්බා දෙවිය, කවරහුද තෙපි?"

"භවත් කුමරුනි, මම් වනාහී සත්වයා භවයෙහි රඳවා තැබීම පිණිස ක්ලේශ පාශයෙන් සිර කොට තබනා මාරයා වෙමි."

"එම්බා මාරය, මම සත්වයා ක්ලේශ පාශයෙන් මුදවාලීම පිණිස විමුක්තිය සොයා යන්නෙමි. එනිසා සක්විති පදවියෙන් වැඩක් ඇත්තහුට එය පවසව්!"

මාර තෙමේ නොපෙනී ගියේය. ඒ මොහොතේ පටන් සිද්ධාර්ථ කුමරුන් පසුපස පියවරක් පාසා ලුහුබැන්දේය. ඒ ක්ලේශපාශයෙන් සිර කරලීම පිණිසයි.

ඡන්න ඇමතියා සමඟ නික්ම ගිය සිද්ධාර්ථ කුමරාණෝ අනෝමා නදියෙන්ද එතෙර වූහ. නදියෙන් එතෙරව වැලි තලාවට පැමිණි සිද්ධාර්ථ කුමරු අසුපිටින් බැස්සේය. සියලු ආභරණ ගලවා ඡන්නයන්ට දුන්නේය. ශ්‍රමණ භාවයට පත්වීම පිණිස සිය කඩුවෙන් කෙස් කපා අහසට දැම්මේය. එකල්හී සක්දෙවිඳුන් පැමිණ රුවන් කරඬුවක එම කෙස් රඳවා සිළුමිණි සෑයෙහි තැන්පත් කළේය. ඝටීකාර බ්‍රහ්මරාජයාගෙන් සිවුරු පිරිකර ලැබිණ. ඡන්න ඇමතියාව කන්ථකයන් සමඟ යළි පිටත් කොට හැරියේය. කන්ථක අසු හට වැඩි දුර යා නොහැකි විය. කුමරු දක්නා මායිම ඉක්ම යන කල්හී ඔහු මැරී වැටුණේය. කන්ථක දෙව්පුතු නමින් දෙව්ලොව උපන්නේය.

ඉන්පසු සිද්ධාර්ථ ගෞතම ශ්‍රමණයන් වහන්සේ අනුපිය නම් අඹවනයට වැඩි සේක. එහි සුවසේ කල් යවා තිස් යොදුන් මඟ ගෙවා රජගහ නුවරට වැඩියහ. රජගහ නුවර පිඬු පිණිස වඩිනා මෙම අභිකාන්ත සිරුරු ඇති යොවුන් ශ්‍රමණයන් වහන්සේ දුටු නගර වැස්සෝ විස්මයට පත් වූහ. බිම්බිසාර රජුට ද දන්වා සිටියහ. බිම්බිසාර රජු පැමිණ සිද්ධාර්ථයන් වහන්සේට රාජ්‍යයෙන් භාගයක් දෙන්නට සූදානම් වූයේය. රජුට තුති පිදූ ශ්‍රමණ ගෞතමයන් වහන්සේ නිවන සොයා යන ගමන ගැන පහදා දුන්නේය.

මහාපුරුෂයන් වහන්සේගේ අබිනික්මන අසා කොණ්ඩඤ්ඤ තෙමේ පැවිදි වූයේය. එදා නම් තැබීමට පැමිණි බ්‍රාහ්මණවරුන්ගේ දරුවන් වන භද්දිය, වප්ප, මහානාම, අස්සජී යන බ්‍රාහ්මණ කුමාරවරු ද පැවිදි වූහ. සිද්ධාර්ථ ගෞතමයන් වහන්සේ සොයාගෙන ඔවුහු ද සැරිසරා ගියහ. අප මහා බෝසතාණන් වහන්සේට

අචාර්ය දෙපළක් මුණගැසිණ. ඒ ආලාර කාළාම හා උද්දක රාමපුත්‍ර යන දෙදෙනාය. මේ අචාර්ය දෙපළගෙන් අරූප ධ්‍යානයෙහි කෙළවර දක්වා බෝසතාණන් වහන්සේ ඉගෙන ගත් නමුත් ඉපදෙන මැරෙන සසරෙන් එතෙර වීමට තිසි විසඳුම එහි නොමැති බව උන්වහන්සේට පසක් විය. උන්වහන්සේ ඒ සියලු දෑ අත්හළේය. එකල සම්මතව තිබුණු ප්‍රධාන විමුක්ති මාර්ගය වන අත්තකිලමථානුයෝග යෙහි යෙදෙනු පිණිස උරුවෙල් දනව්වට වැඩි සේක. උරුවෙල් දනව්වෙහිදී උන්වහන්සේ වෙනුවෙන් පැවිදි වූ පස්වග ශ්‍රමණවරුන් ද මුණගැසුණි. පස්වග ශ්‍රමණයන් වහන්සේලා අප බෝසතාණන් වහන්සේට ආදරයෙන් වතාවත් කළහ.

ගිහි ගෙය අත්හැර කුමරුන් ශ්‍රමණ වෙසක් ගන්නේ
ඉඳුරන් සංවර කරමින් යහපත සොයමින්නේ
සොයනා මග දත නොහැකිව උරුවෙලටයි යන්නේ
අප බෝසත් මුනිඳාණන් පධන් වෙරයි ගන්නේ

අප මහා බෝසතාණෝ දුෂ්කර ක්‍රියායෙහි පධන් වෙර වඩති.

උන්වහන්සේ සතර අයුරකින් පධන් වෙර වැඩූහ. අතිරූක්ෂ වූ තපස් චර්යායෙහි යෙදුනහ. අතිරූක්ෂ වූ රළු පැවැත්මෙහි යෙදුණහ. අතිරූක්ෂ වූ පිළිකුල් සංඥායෙහි යෙදුණහ. අතිරූක්ෂ වූ හුදෙකලායෙහි යෙදුණහ.

උන්වහන්සේගේ අතිරූක්ෂ වූ තපස්චර්යාව මෙබඳු වූයේය. වස්ත්‍ර රහිතව සිටියහ. දෑතින් පමණක් ආහාර පිළිගත්හ. ඇරයුම් නොපිළිගත්හ. දන් නොපිළිගත්හ.

බෝසතාණන් වහන්සේ සතර අයුරකින් පධන් වෙර වැඩූහ. අතිරූක්ෂ වූ තපස් චර්යායෙහි යෙදුනහ. අතිරූක්ෂ වූ රළු පැවැත්මෙහි යෙදුණහ. අතිරූක්ෂ වූ පිළිකුල් සංඥායෙහි යෙදුණහ. අතිරූක්ෂ වූ හුදෙකලායෙහි යෙදුණහ.

දිනකට වරක්, දෙදිනකට වරක් වශයෙක් සත් දිනකට වරක් ආහාර ගත්හ. කෙමෙන් කෙමෙන් ආහාර අඩු කළහ. සුණු සහල් ඇටයක ප්‍රමණයෙන් ආහාර ගත්හ. උන්වහන්සේ අමු පළා, මැලියම්, කසට, තණකොළ, වනමුල්ඵල හා පවත්තඵලභෝජී ආහාරයෙන් යැපුණහ. ආසන පිළිකෙව් කළහ. කටුඇතිරියෙහි සක්මන් කළහ. කටු පුවරුවෙහි සැතැපී සිටියහ. උක්කුටියෙන් හිඳගෙන සිටියහ. දිනකට තුන් වතාවක් ගැඹුරු දියෙහි කිමිදී සිටියහ. උන්වහන්සේගේ තපස් චර්යාව අතිශයින්ම රූක්ෂ වූයේය.

උන්වහන්සේ රළු පැවැත්ම මෙබඳු වූයේය. වසර ගණන් කයෙහි දූවිලි තැවරී තිබුණි. පතුරු ගැලවී ගිය තිඹිරි කණුවක් සේ ශරීරය දිස්වූයේය. නොනා සිටියේය. දත් නොමැද සිටියේය. නොයෙක් දූළි කුණු වලින් සිරුර තැවරී තිබුණේය. එහෙත් කිසිවිටෙකත් උන්වහන්සේ සිරුර නොපිස දැමූහ.

උන්වහන්සේගේ පිළිකුල් සංඥාව මෙබඳු විය. උන්වහන්සේ මනා සිහි නුවණින් යුතුවම සතුන්ට හිංසාවක් වීම පිළිකුල් කළහ. අහක දමන කුඩා දිය බිඳුවෙහි පවා දයා සිතින් වාසය කළහ.

උන්වහන්සේගේ රූක්ෂ හුදෙකලා විවේකය මෙබඳු විය. උන්වහන්සේ ගැඹුරු වනයට පිවිසියහ. කිසිවෙකු ඇස නොගැටෙන්නට වගබලා ගත්හ. වන ලැහැබින් ලැහැබ බිමෙන් බිම මිනිසුන් දුටු විට පැන යන මුවෙකු සේ හුදෙකලාවටම ගියහ. මිනිස් රුවක් දෑසට නොගැටී බොහෝ කල් ගත කළහ. විටෙක උන්වහන්සේ බියජනක අරමුණු ඇතැයි පවසන අඳුරු වනයට පිවිසෙති. එහි ශීත ඍතුවෙහි හිම වැටෙන කාලයෙහි මැදියම් රැයෙහි

හුදෙකලාවේ එළිමහනෙහි වසති. විටෙක උන්වහන්සේ අමු සොහොනට ගොස් මිනී ඇට මත හිස තබා සැතපෙති. ගොපළු දරුවන් පැමිණ උන්වහන්සේට කෙළ ගසති. සිරුරට මුත්‍රා කරති. පස්වලින් විසුරුවති. එහෙත් උන්වහන්සේගේ සිහි නුවණ ද, උපේක්ෂාව ද, මෙත් සිත ද මැනැවින් පිහිටා තිබුණේය.

උන්වහන්සේ ආහාරයෙන් පිරිසිදු බව සෙවීම පිණිස කෙමෙන් කෙමෙන් ආහාර අත්හළහ. කළු වැල්පුරුක් සෙයින් උන්වහන්සේගේ සිරුර කෘශ වී ගියේය. නිසීදන මාංශය උකුල් ඇටයට ඇලී ගියේය. කොඳු ඇට පෙළ ඉල්පී ආයේය. ගැඹුරු ළිඳක පෙනෙන තාරකා යුවලක් සේ නේත්‍ර යුග්මය යටට බැස ගියහ. අල්පාහාර හේතුවෙන් වියැළී ගිය ලබුගෙඩියක් සේ හිස හැකිළී ගියේය. උදරය පිරිමදින විට කොඳු ඇට පෙළ හසුවූයේය. කොඳු ඇට පෙළ අල්ලන විට උදර සිවිය හසුවිය. මළ මුත්‍ර පහකරගත නොහැකිව එතැනම ඇදවැටුණි.

කොතෙක් වෙහෙසුණ ද උන්වහන්සේ අත්නොහළ වීරියෙන් යුතු සේක. කෙලෙස් ප්‍රහාණය පිණිස දැඩි වීරිය ගත් සේක. උන්වහන්සේ යටි දතෙහි උඩු දත තබා දිවෙන් තල්ල මැඩගෙන අකුසල් පෙලූ සේක. එකල්හී උන්වහන්සේගේ කිසිල්ලෙන් දහඩිය ගලා ආයේය. සිරුර පාෂාණයක් සේ දැඩි වී ගියේය. එහෙත් උන්වහන්සේගේ වීරිය සහ සිහිනුවණ බලවත්ව පැවතුණේය. යළිත් අප්‍රාණක ධ්‍යාන නම් වූ මාරාන්තික භාවනාවට උන්වහන්සේගේ සිත යොමුවූයේය. ආශ්වාස ප්‍රශ්වාස වළක්වා පැය ගණන් වීරියෙන් සිටියහ. එවිට ගවඝාතකයෙක් තියුණු සැතකින් ගවයෙකුගේ කුස සිඳින අයුරින් අධික වේදනාවන් විසින් උන්වහන්සේ පෙළන ලද්දාහුය. එහෙත් උන්වහන්සේ

අත්නොහළ වීරියෙන් යුතු සේක. දැඩි වරපට ගෙන හිස වටා වෙළා බලවත් පුරුෂයන් දෙදෙනෙක් හිස මඬින අයුරින් බලවත් හිසරුජා හටගත්තේය. එහෙත් උන්වහන්සේ අත්නොහළ වීරියෙන් යුතුව සිටිසේක.

ගත දුබලව වැටෙනා තුරු වීරිය අරගන්නේ
සිරුරට දුක් ගැහැට දෙමින් කෙලෙස් තවාලන්නේ
සිහිසන් නොමැතිව මුනිඳුන් බිම වැතිරී ඉන්නේ
අත්නොහරින වෙර වීරිය තුළින්ය නැගිටින්නේ

අප මහා බෝසතුන්ගේ වීරිය අත්හැරීමට මාරයා කාරුණික වෙස් ගනී.

මෙසේ මාරාන්තිකව නේරංජරා නදී තෙර වැලිතලායෙහි වැටී සිටි අප මහා බෝසතාණන් වහන්සේ වෙත ප්‍රමාදී වූවන්ගේ ඤාතියා වන මාරයා පැමිණියේය. පැමිණ අප මහා බෝසතාණන් වහන්සේගේ වෙර වීරිය අත්හරිනු පිණිස කාරුණික වේශයෙන් මෙසේ පවසා සිටියේය.

කිසෝ ත්වමසි දුබ්බණ්ණෝ - සන්තිකේ මරණං තව
සහස්ස භාගෝ මරණස්ස - ඒකංසෝ තව ජීවිතං
ජීවං භෝ ජීවිතං සෙය්‍යෝ - ඒවං පුඤ්ඤානි කාහසි

"අහෝ! ශ්‍රමණයන් වහන්ස, තෙපි දැන් ඉතා කෘශ වූවහුය. දුර්වර්ණ වූවහුය. තොප මරණය සමීපයට පැමිණ සිටී. මරණය උදෙසා තොපට දහසක් පංගු ඇත. එහෙත් ජීවිතය උදෙසා තොප සතුව තිබෙන්නේ එක් කොටසකි. එහෙයින් භවත, ජීවත් වව්! ජීවත් වීමම උතුම් ය. ජීවත් වී පින් කරව!"

චරතෝ තේ බ්‍රහ්මචරියං - අග්ගිහුත්තං ච ජූහනෝ
පහූතං චීයතේ පුඤ්ඤං - කිං පධානේන කාහසි
දුග්ගෝ මග්ගෝ පධානාය - දුක්කරෝ දුරභිසම්භවෝ

තොපගේ ඔය බඹසර සැරීමෙන් යුතුව යාගහෝම කරමින් සිටිය හොත් බොහෝ පින් රැස් වනු ඇත. කාය ජීවිත අත්හැර දමා පධන් වෙර වැඩීමෙන් ඇති ඵලය කිම? මේ පධන් වෙර වඩමින් යන ගමන අතිශයින්ම දුෂ්කරය. මෙහිලා ඵල උපදවා ගැනීම අතිශයින්ම දුෂ්කරය."

එවිට අප මහා බෝසතාණන් වහන්සේ ඒ මරහු හට මෙසේ පිළිවදන් දුන් සේක.

පමත්තබන්ධු පාපිම - යේනත්ථේන ඉධාගතෝ
අනුමත්තේනපි පුඤ්ඤේන - අත්ථෝ මය්හං න විජ්ජති
යේසං ච අත්ථෝ පුඤ්ඤානං - තේ මාරෝ වත්තුමරහති

ප්‍රමාදී වූවන්ගේ ඥාතියා වන පවිටු තැනැත්ත, තොප මෙහි ආයේ ඔය කරුණ සඳහාමය. යාග හෝම ආදියෙන් තොප පවසන පිනෙන් අනුමාත්‍ර වූ ප්‍රයෝජනයෙක් මා හට නැත. එහෙයින් මාරය, යමෙකු හට යාග හෝම ආදියෙන් රැස්වන පිනක වැඩෙක් ඇත්නම් ඔහු කරා ගොස් ඔය වදන් කීම වටී.

අත්ථි සද්ධා තථා විරියං - පඤ්ඤා ච මම විජ්ජති
ඒවං මං පහිතත්තම්පි - කිං ජීව මම පුච්ඡසි

මා තුළ මේ පධන් වෙර වැඩීම කෙරෙහි ශ්‍රද්ධාව ඇත. වීරිය ද ඇත. ප්‍රඥාව ද ඇත. මෙසෙයින් කාය ජීවිත දෙක අත්හැර මා කෙලෙස් තවන වෙර වඩද්දී ජීවත් වන්නට යැයි මා හට පවසන්නේ මක් නිසාද?

නදීනම්පි සෝතානි - අයං වාතෝ විසෝසයේ
කිඤ්ච මේ පහිතත්තස්ස - ලෝහිතං නූප සුස්සයේ
ලෝහිතේ සුස්සමානම්හි පිත්තං සෙම්හං ච සුස්සති
මංසේසු ඛීයමානේසු - භීයෝ චිත්තං පසීදති

පධන් වෙර වඩමින් සිටින මාගේ සිරුර පිසදා යන මෙම සුළඟට නදී සැඩ පහර පවා වියළවා දැමිය හැකිය. එසේ ඇති කල්හි කිම, මවිසින් පධන් වෙර වඩද්දී මේ සිරුරෙහි රුධිරය වියළී නොයන්නෙහිද? මේ රුධිරය වියළී යන කල්හි පිතත්, සෙමත්, වියලී යනු ඇත. සිරුරු මාංශය සිඳී යන කල්හි බොහෝ සෙයින් මසිත පහන් වී යයි.

භීයෝ සති ච පඤ්ඤා ච - සමාධි මම තිට්ඨති
තස්ස මේවං විහරතෝ - පත්තස්සුත්තම වේදනං
කාමේ නාපෙක්ඛතේ චිත්තං - පස්ස සත්තස්ස සුද්ධතං

බොහෝසෙයින්ම සිහි නුවණද වැඩෙනු ඇත. ප්‍රඥාව ද වැඩෙනු ඇත. මසිතෙහි සමාධිය ද පිහිටයි. මේ අයුරින් මා වාසය කරද්දී පරම වේදනාව මට දැනේ. එකල්හී මා සිත කාමයන් කෙරෙහි අපේක්ෂා රහිත වෙයි. මෙලෙසින් කල්ගෙවන සත්වයෙකුගේ පාරිශුද්ධත්වය බලව!

කාමා තේ පඨමා සේනා - දුතියා අරති වුච්චති
තතියා ඛුප්පිපාසා තේ - චතුත්ථී තණ්හා පවුච්චති

තොපගේ ප්‍රථම මාරසේනාව වනාහී පංච කාමයයි. එයට නොඇලී කුසල් දහම්වල සිත යොදවන කල්හි එහි නොඇල්ම ඇතිවීම නම් වූ අරතිය තොපගේ දෙවන මාර සේනාවයි. පිපාසත්, බඩගින්නත් උපදවාලීම තුළින්

පුද්ගලයෙකුගේ වීරිය හීන කිරීම තොපගේ තුන්වෙනි මාර සේනාවයි. සිව්පසය කෙරෙහි තෘෂ්ණාව ඇතිකරලීම තොපගේ සිව්වැනි මාරසේනාවයි.

පඤ්චමී ථීනමිද්ධං තේ - ඡට්ඨා භීරු පවුච්චති
සතත්මී විචිකිච්ඡා තේ - මක්ඛෝ ථම්භෝ තේ අට්ඨමී

ධර්මයේ හැසිරෙන්නට ඉඩ නොදී නිදිමතෙහි හා අලස බවෙහි යෙදවීම තොපගේ පස්වෙනි මාර සේනාවයි. බිය තැතිගැනීම ඇති කොට හුදෙකලා විවේකයෙන් බැහැර කරවීම තොපගේ සයවෙනි මාරසේනාවයි. දහමෙහි සැකසංකා ඇති කරවා වාද විවාද ඇති කරවීම තොපගේ සත්වෙනි මාරසේනාවයි. ගුණමකුකමත්, අවවාදයට නොනැමෙන දැඩි ගතියත් මතු කරදීම තොපගේ අටවෙනි මාරසේනාවයි.

ලාභෝ සිලෝකෝ සක්කාරෝ - මච්ඡා ලද්ධෝ ච යෝ යසෝ
යෝ චත්තානං සමුක්කංසේ - පරේ ච අවජානති

මිත්‍යා ආජීවයෙන් ලැබෙන යම් ලාභ සත්කාර කීර්ති ප්‍රශංසාදියක් ඇද්ද, එය හොඳින් ලබාදීම තොපගේ නවවෙනි මාරසේනාවයි. තමාව උසස් කොට දක්වා අන් අය හෙලාදැකීම පිණිස පෙළඹවීම තොපගේ දසවෙනි මාර සේනාවයි.

ඒසා නමුචි තේ සේනා - කණ්හස්සාභිපහාරිනී
න තං අසූරෝ ජිනාති - ජෙත්වා ච ලභතේ සුඛං

නමුචි නම් වූ කෘෂ්ණ නම් වූ මාරය, තොපගේ ඒ මාරසේනාවෙන් ලොවෙහි විමුක්තිය සොයා යන්නවුන් හට දැඩි පහර වදිනු ඇත. සූර වීර නැත්තෙකුට එය පරදවා ජය ගත නොහැකිය. එහෙත් යමෙක් මෙම මාර සේනාවන්

දිනාගත් විට අමා සුව ලබයි.

ඒස මුඤ්ජං පරිහරේ - ධීරත්‍ථු මම ජීවිතං
සංගාමේ මේ මතං සෙය්‍යෝ - යං චේ ජීවේ පරාජිතෝ

මුඤ්ජ තණ හිස තබා ශපථ කොට මම පවසමි. කෙලෙස් සහිත වූ ජීවිතයට නින්දා වේවා! ඉදින් මේ කෙලෙස් සටනින් පරාජිතව ජීවත් වීමක් ඇද්ද, එයට වඩා කෙලෙස් සටනින් මිය යාම මට උතුම් ය.

පගාළ්හා එත්ථ න දිස්සන්ති - ඒකේ සමණ බ්‍රාහ්මණා
තඤ්ච මග්ගං න ජානන්ති - යේන ගච්ඡන්ති සුබ්බතා

ඇතැම් ශ්‍රමණ බ්‍රාහ්මණවරු මේ මාර සේනාවට හසු වී කැළැතී යති. එකල්හී මෙහි පවතින සැබෑ තතු ඔවුහු නොදනිති. මනා වත පිළිවෙතින් යුතුව යායුතු යම් මාර්ග යක් වේද, ඒ මග නොදනිත්මය ඔවුහු.

සමන්තා ධජිනිං දිස්වා - යුත්තං මාරං ස්වාහිනිං
යුද්ධාය පච්චුගච්ඡාය - මා මං ඨානා අචාවයී

සේනා සහිත වූ මාරයා හාත්පස කොඩි නංවාගෙන සටනට පැමිණේ. පෙරමග බලමින් සිටින මම ද මාරයා හා යුධ වදිමි. පාරමී බලයෙන් යුතුව මා හට හිමි වී තිබෙන තැනින් මා නොසැලේවා!

යං තේ තං නප්පසහති - සේනං ලෝකෝ සදේවකෝ
තං තේ පඤ්ඤාය ගච්ඡාමි - ආමං පත්තංව අස්මනා

දෙවියන් සහිත වූ ලෝකයා හට නම් තොපගේ මාර සේනාව මැඩලිය නොහැකියි. එහෙත් වඩන ලද ප්‍රඥාවෙන් යුතුව මම කළුගලකින් හොඳින් මඬිනා මැටි පිඬක් සේ තොපගේ මර සෙනඟ මැඩලමි.

සේනානි නියම් ගමෙහි සිටු දියණිය වන සුජාතාවෝ දිය නුමුසු ප්‍රණීත කිරිබතක් පුරවාගත් පාත්‍රයකින් යුතුව එහි පැමිණියාය. අප බෝසතාණන් වහන්සේට සාදරයෙන් පිළිගැන්වූවාය.

මරු ඇවිදින් කරුණාබර වදන් ය පවසන්නේ
අප මුනිඳුගෙ වෙර වීරිය නැසුමට සැරසෙන්නේ
සේනා ඇති මරු කවුදැයි මැනවින් හඳුනන්නේ
සිහි නුවණින් යුතු මුනිඳුන් මරුගෙන් ගැලවෙන්නේ

මෙසේ අප මහා බෝසතාණන් වහන්සේ මහා පාරමී බලයෙන් යුතුව මර සෙනඟ මැඬලමින් නිවන් මග පිරිසිදු කළ සේක. කාමසුඛල්ලිකානුයෝගය ද අන්තයක් ලෙස අවබෝධ කොට අත්හළ සේක. දෙවෙනි අන්තය වන අත්තකිලමථානුයෝගය ද අත්හළ සේක. ලොවෙහි කිසිවෙක් නොපැවසූ සීල, සමාධි, ප්‍රඥාවෙන් සමන්විත වූ ආර්ය අෂ්ටාංගික මාර්ගය සොයාගත් සේක.

සුජාතාවෝ කිරිපිඬු පිළිගන්වති.

එදා වෙසක් පුන් පොහෝ දවසකි. ඒ මින් වසර දෙදහස් හයසියයකට පෙරය. එදින උදයේ අප මහා බෝසතාණන් වහන්සේ නුගරුක් සෙවණක සුවසේ වැඩහුන් සේක. එකල්හී සේනානි නියම් ගමෙහි සිටු දියණිය වන සුජාතාවෝ දිය නුමුසු ප්‍රණීත කිරිබතක් පුරවාගත් පාත්‍රයකින් යුතුව එහි පැමිණියාය. අප බෝසතාණන් වහන්සේට සාදරයෙන් පිළිගැන්වූවාය. අපගේ ශ්‍රමණෝත්තමයන් වහන්සේ එය පිළිගත් සේක. නේරංජරා නදී තෙරට වැඩම කොට දිය නහා එම කිරිබත වැළඳූ සේක.

යළි කිරිබත පිළිගැන්වූ එම රන් පාත්‍රය රැගෙන නදියෙහි පා කොට හැරිය සේක. එසේ පා කිරීමේදී අද මා මේ ධර්මය අවබෝධ කරන්නෙම් නම් මෙය උඩුගං

"ඊයේද එක් පාත්‍රයක් අනිත් පාත්‍රයන්හි හැපුණේය. අද ද යළිත් පාත්‍රයක් හැපුණේය. ඊයේත් එක් බුදු කෙනෙකුන් උපන් සේක. අද ද එක් බුදු කෙනෙකුන් පහළ වන සේක."

බලා යේවා යි අදිටන් කළ සේක. අසිරියෙකි! පාත්‍රය උඩුගං බලා ගියේය. නදියෙහි මැද දියසුළියෙක පැටලී ගිය රන් පාත්‍රය යටට ගිළුණේය. කලින් තුන් බුදුවරුන් පරිභෝග කළ පාත්‍රයන්ගේ හැපෙමින් නාග ලොවෙහි පිහිටියේය. ඒ ශබ්දය ඇසූ මහාකාල නම් නා රජ තෙමේ මෙසේ පැවසුවේය.

"ඊයේද එක් පාත්‍රයක් අනිත් පාත්‍රයන්හි හැපුණේය. අද ද යළිත් පාත්‍රයක් හැපුණේය. ඊයේත් එක් බුදු කෙනෙකුන් උපන් සේක. අද ද එක් බුදු කෙනෙකුන් පහළ වන සේක." මෙසේ කියමින් දීර්ඝායුෂ ඇති නා රජු ඒ කාශ්‍යප බුදුරජුන්ගේ පාත්‍රයත්, ගෞතම බුදුරජුන්ගේ පාත්‍රයත් අරභයා ස්තුති ප්‍රශංසා කළහ.

සිටු කුමරිය රන් තළියෙහි කිරිබත් ගෙන එන්නේ
නුග සෙවණේ සිටි මුනිඳුට එය පිළිගන්වෙන්නේ
කිරිබත් වැළඳූ මුනිඳුන් නදිය වෙතයි එන්නේ
පා කොට හරිනා රන් පය නා ලොවටයි යන්නේ

වජිරාසන මත වැඩහිඳ

පාත්‍රය උඩුගං බලා යනු දුටු අපගේ ශ්‍රමණ ගෞතමයන් වහන්සේ නදියෙන් එතෙර වී වැලි තලායෙහි සක්මන් කරමින් බෝ රුක දෙසට වඩිමින් සිටියහ. එවිට සොත්ථිය නම් බමුණු තෙමේ පැමිණ කුස තණ අට මිටක් පිළිගැන්වීය. ඒ කුස තණ අට මිට රැගත් අප මහා බෝසතාණන් වහන්සේ බෝ සෙවණට වැඩි සේක. එහි නැගෙනහිර දිශාවට මුහුණලා වැඩ සිටිය හැකි පරිදි ඒ කුස තණ අට මිට අතුරන ලද්දේය. එය

පවසාලව, ධරතී මාතාවෙනි. මා සිටින මේ වජ්‍රාසනයෙහි හිමිකරුවා මම්
නොවෙම් ද?

මත සංඝාටිය සිව් ගුණකොට නවා අතුරන ලද්දේය. ඒ මත දැඩි අධිෂ්ඨානයකින් යුතුව පර්යංකයෙන් වාඩි වූ සේක. 'මාගේ මේ ශරීරයෙහි ලේ මස් වියැළී යතොත් වියැළේවා! සම් නහර ඇට ඉතිරි වෙතොත් ඉතිරි වේවා! යම් පුරුෂ වීර්යයකින්, පුරුෂ පරාක්‍රමයකින් සාක්ෂාත් කළ යුතු අවබෝධයක් ඇද්ද, එය අවබෝධ නොකොට මම මේ අසුනින් නොනැගිටිමි'යි චතුරංග සමන්නාගත වීරිය අදිටන් කළ සේක.

එකල්හී දස දහසක් ලෝක ධාතුන්හි අපමණ දෙව් බඹ පිරිස් අහස් තලය සිසාරා ප්‍රීති ඝෝෂා කරන්නට වන්හ. සක් දෙව් රජ විජයතුරා නම් සංඛය පිඹින්නට වූයේය. පඤ්චසිඛ දෙව්පුතුන් බේලුවපණ්ඩු වීණාව ගෙන ස්තුති ප්‍රශංසා ගී ගයන්නට වූයේය. අසූ ලක්ෂයක නාගයින් පිරිවරාගත් මහාකාල නා රජු ආසිරි ගී ගයන්නට වන්හ. සකළ ලෝකයම කිසියම් අද්භූත චමත්කාරයකින් ඇළලී යද්දී විමුක්ති මාර්ගයට අකුල් හෙළන වසවත් මරු තෙමේ දස බිම්බරක් මාර සෙනග සමඟ බුද්ධගයා බෝ මැඩ දෙසට ඇදෙන්නට වන්හ. දෙව් පිරිස හිස් ලූ ලූ අත ගියහ. යුගාන්තයෙහි හෙණ හඬ පරිද්දෙන් බිහිසුණු හෙණ හඬින් කැළඹී ගියේය. මාරයා විසින් නා නා විධ දරුණු වර්ෂාවන් වස්සවන ලද්දේය. ගිරිමේඛලා ඇතුපිට නැගගත් හේ සක්වළ ගර්භය ඒක කෝළාහල කරවමින් අප මහාබෝසතාණන් වහන්සේව සිටි තැනින් බැහැර කරවන්නට වෙහෙස ගත්තේය.

"එම්බා සිද්ධාර්ථයෙනි, වහා ඔය අසුනෙන් නැගිට යව්. ඔය අසුනෙහි හිමිකරුවා තොප නොවේ. මම වෙමි."

"මාරය, ඔබට ඒ සඳහා ඇති සාක්ෂි මොනවාද?"

එසැණින් "ඒ සඳහා අපි සාක්ෂි දෙමු"යි කියමින් දස බිම්බරක් මාර සෙනඟ ඒක නින්නාද කළහ.

"එම්බා සිද්ධාර්ථයෙනි, තොප ඔය අසුනෙහි ඔතරම් ස්ථිර අයුරින් සිටීමට ඇති බලය කුමක්ද? ඒ සඳහා ඇති සාක්ෂි මෙනාවාද?"

එකල්හි අපගේ මහාබෝසතාණන් වහන්සේ දකුණත සිවුරෙන් මෑත් කොට ඇඟිලි තුඩු මඟින් මහා පෘථුවිය ස්පර්ශ කොට පොළොව මහී කාන්තාව අරඹයා මෙසේ වදාළ සේක.

"හේ ධාරතී මාතාවෙනි, කියව. මවිසින් කෙළවරක් නැති සසර පුරා අසංඛෙය්‍ය කල්ප ගණන් මුළුල්ලේ උතුම් සම්බෝධිය පතා දිවි පරදුවට තබා පෙරුම්දම් පිරූ විරූය. එකල්හී තී ප්‍රීතියෙන් ඔදවැඩී කම්පිතව ගියාය. පවසාලව, ධරතී මාතාවෙනි. මා සිටින මේ වජ්‍රාසනයෙහි හිමිකරුවා මම් නොවෙම් ද?"

අසිරියෙකි! ධරතී මාතාව සැළෙන්නට පටන් ගත්තාය. ගිගුම් දෙන්නට පටන් ගත්තාය. හඬ නගමින් සයුරු රළ සේ කැළඹෙන්නට පටන් ගත්තාය. ගිරිමේඛලා ඇතුපිට සිටි වසවත් මරු බිම ඇද වැටුණි. බිම්බරක් මර සෙනඟ හිස් ලූ ලූ අත පළාගියහ. දෙව් පිරිස යළි අහසේ මුළු දුන්හ. එකල්හී දෙව් බඹ සමූහයා ප්‍රීතිඝෝෂා පැවැත්වූහ.

ජයෝහි බුද්ධස්ස සිරීමතෝ අයං
- මාරස්ස ච පාපිමතෝ පරාජයෝ
උග්ඝෝසයුං බෝධිමණ්ඩෙ පමෝදිතා
- ජයං තදා නාගගණා මහේසිනෝ

'සොඳුරු ශ්‍රී දරන මහාර්ෂී වූ බුදුරජාණන් වහන්සේට ජය අත්විය. පවිටු වූ මරුහට පරාජය අත්විය'යි කියමින් එකල්හී නාග සමූහයා බෝ මැඩ වටකොට ප්‍රමුදිත සිතින් ප්‍රීති ඝෝෂා කළහ.

ජයෝහි බුද්ධස්ස සිරීමතෝ අයං
- මාරස්ස ච පාපිමතෝ පරාජයෝ
උග්ඝෝසයුං බෝධිමණ්ඩේ පමෝදිතා
- සුපණ්ණසංඝාපි ජයං මහේසිනෝ

'සොඳුරු ශ්‍රී දරන මහාර්ෂී වූ බුදුරජාණන් වහන්සේට ජය අත්විය. පවිටු වූ මරුහට පරාජය අත්විය'යි කියමින් එකල්හී ගුරුළු සමූහයා බෝ මැඩ වටකොට ප්‍රමුදිත සිතින් ප්‍රීති ඝෝෂා කළහ.

ජයෝහි බුද්ධස්ස සිරීමතෝ අයං
- මාරස්ස ච පාපිමතෝ පරාජයෝ
උග්ඝෝසයුං බෝධිමණ්ඩේ පමෝදිතා
- ජයං තදා දේවගණා මහේසිනෝ

'සොඳුරු ශ්‍රී දරන මහාර්ෂී වූ බුදුරජාණන් වහන්සේට ජය අත්විය. පවිටු වූ මරුහට පරාජය අත්විය'යි කියමින් එකල්හී දේව සමූහයා බෝ මැඩ වටකොට ප්‍රමුදිත සිතින් ප්‍රීති ඝෝෂා කළහ.

ජයෝහි බුද්ධස්ස සිරීමතෝ අයං
- මාරස්ස ච පාපිමතෝ පරාජයෝ
උග්ඝෝසයුං බෝධිමණ්ඩේ පමෝදිතා
- ජයං තදා බ්‍රහ්මගණාපි තාදිනෝ

'සොඳුරු ශ්‍රී දරන අටලෝ දහමින් අකම්පිත සිත් ඇති බුදුරජාණන් වහන්සේට ජය අත්විය. පවිටු වූ මරුහට පරාජය අත්විය'යි කියමින් එකල්හී බ්‍රහ්ම සමූහයා බෝ මැඩ වටකොට ප්‍රමුදිත සිතින් ප්‍රීති ඝෝෂා කළහ.

මෙසේ හිරු බැසයන්නට පෙරම මාරබලය මැඬලූ අප මහා බෝසතාණන් වහන්සේ ආනාපානසති භාවනාව ප්‍රගුණ කරමින් පිළිවෙලින් ප්‍රථම ධ්‍යානය, ද්විතීය ධ්‍යානය, තෘතීය ධ්‍යානය සහ චතුර්ථ ධ්‍යානය දක්වා සිත වැඩූහ. මෙලෙසින් මනාලෙස වැඩුණු කර්මණ්‍ය වූ අකම්පිත වූ සිත පෙර විසූ කඳ පිළිවෙල දැකීමට යොමු කරන ලද්දේය. එහිදී ගෙවී ගිය සසරේ අතීත උත්පත්තීය මෙනෙහි කරන මහා බෝසතාණන් වහන්සේ ක්‍රම ක්‍රමයෙන් කල්ප ගණන් ආපස්සට බලන්නට සමත් වූහ. සංවට්ට කල්ප, විවට්ට කල්ප දස දහස් ගණනින් ලක්ෂ ගණනින් බලන්නට සමත් වූහ. එකල මම් මෙබඳු නම් ඇතිව සිටියෙමි. මෙබඳු ගෝත්‍ර ඇතිව සිටියෙමි. මෙබඳු පැහැයෙන් යුතුව සිටියෙමි. මෙබඳු අහර ඇතිව සිටියෙමි. මෙබඳු සුවදුක් වින්දෙමි. මෙලෙසින් ආයු අවසන් කළෙමි. එයින් චුතව අසවල් තැන උපනෙමි. එයින් චුතව අසවල් තැන උපනෙමි ආදී වශයෙන් ඉතා පැහැදිලි ලෙස දකින්නට සමත් වූහ. ගෙවී ගිය සසරෙහි අතීතය අරභයා ඇති අවිද්‍යාව දුරුව ගියේය. විද්‍යාව පහළ විය. ආලෝකය උපන. එය වනාහී අප භාග්‍යවතුන් වහන්සේ ලද ප්‍රථම විද්‍යාවයි.

මෙසේ පෙරයම ගෙවී ගියේය. මධ්‍යම යාමයේදී සත්වයන් චුත වන අයුරුත්, උපදින අයුරුත් දකිනු පිණිස සිත යොමු කරන ලද්දේය. එකල්හී තම තමන් විසින් කරන ලද කර්මයන්ට අනුරූපව හීන වූත්, ප්‍රණීත වූත්, ස්වර්ණ වූත්, දුර්වර්ණ වූත්, සුගති වූත්, දුගති වූත්

ආත්මයන්හි උපත ලබා ඇති අයුරු පෙනී ගියේය. 'අහෝ මේ සත්වයෝ සැබැවින්ම කයෙන් දුසිරිත් කළාහුය. වදනින් දුසිරිත් කළාහුය. මනසින් දුසිරිත් කළාහුය. ආර්යයන් වහන්සේලාට උපවාද කළාහුය. මිසදිටු ගත්හ. මිසදිටු කම් කළහ. එහෙයින් ඔවුහු කය බිඳී මරණින් මතු සුවයෙන් පහවූ, නපුරු ගති ඇති නිරයට පිවිසියහ. යළිදු මේ අන්‍ය වූ සත්වයෝ සිත කය වදනින් සුසිරිත් කළාහුය. ආර්ය උපවාද නොකළාහුය. සම්දිටු ගත්හ. සම්දිටුකම් කළහ. එහෙයින් ඔවුහු සෝභන ගති ඇති සුගතියෙහි උපන්හ.' මෙසේ සත්වයන්ගේ චුති හා උපත ගැන ඇති අවිද්‍යාව දුරු වී ගියේය. විද්‍යාව පහළ විය. ආලෝකය උපන. මෙය වනාහී අප භාග්‍යවතුන් වහන්සේ ලද දෙවෙනි විද්‍යාවයි.

රෑ මැදියම ගෙවී ගියේය. පැසුළු යම පැමිණියේය. එකල්හී උන්වහන්සේ හේතුඵල දහම විමසන්නට පටන් ගත්හ. එසේ විමසද්දී හේතූන් නිසා හටගන්නා යමක් ඇද්ද, එම හේතු නිරුද්ධ වීමෙන් එය නිරුද්ධ වන ස්වභාවයෙන් යුතු යැයි උන්වහන්සේට පසක් විය. එකල්හී දුක්ඛ ආර්ය සත්‍යයත්, දුක්ඛ සමුදය ආර්ය සත්‍යයත්, දුක්ඛ නිරෝධ ආර්ය සත්‍යයත්, දුක්ඛ නිරෝධගාමිනී පටිපදා ආර්ය සත්‍යයත් සත්‍ය ඤාණ වශයෙන් ද, කෘත්‍ය ඤාණ වශයෙන් ද, කෘත ඤාණ වශයෙන් ද පරිවර්ත තුනකින් යුතුව ආකාර දොළොසකින් යුතුව අවබෝධ වී ගියේය. කාම තණ්හා, භව තණ්හා, විභව තණ්හාව යළි නූපදින පරිද්දෙන් ප්‍රහාණය විය. පටිච්ච සමුප්පාදය නිරුද්ධ විය. කාමාසව, භවාසව, අවිජ්ජාසව සදහටම නිරුද්ධ විය. සෝවාන්, සකදාගාමී, අනගාමී, අරහත් යන මාර්ගඵල පිළිවෙලින් පසක් විය. එකල්හී හේතු ප්‍රත්‍යයන්ගෙන් හට නොගත් අසංඛත වූ අමා නිවනෙහි සිත බැසගත්තේය. සකල විධ අවිද්‍යාව පහව

අප භාග්‍යවතුන් වහන්සේ ගුරූපදේශ රහිතව ශ්‍රී සම්බුද්ධත්වය සාක්ෂාත් කරමින් අරහත් ඵල විමුක්තියෙන් යුතුව අමා නිවන් සුවයට සමවැදුණු සේක.

ගියේය. විද්‍යාව උපන. ආලෝකය උපන. අප භාග්‍යවතුන් වහන්සේ ගුරූපදේශ රහිතව ශ්‍රී සම්බුද්ධත්වය සාක්ෂාත් කරමින් අරහත් ඵල විමුක්තියෙන් යුතුව අමා නිවන් සුවයට සමවැදුණු සේක.

මෙසේ අපගේ යුගයෙහිදී ශ්‍රී සම්බුද්ධත්වයට පත් වූ ඒ භාග්‍යවත් අරහත් ගෞතම සම්මා සම්බුදුරජාණන් වහන්සේ අනුත්තර යෝගක්ඛේම වූ උතුම් නිවන සාක්ෂාත් කරමින් සත් දිනක් මුළුල්ලෙහි ජය ශ්‍රී මහා බෝ සෙවණෙහි වැඩහුන් සේක. මෙය සිදුවූයේ මින් වසර දෙදහස් හයසියයකට පෙර වෙසක් පුන් පොහෝ දිනකදී ය.

එකෙණෙහි දස සහස්සී ලෝකධාතුව කම්පා වී ගියේය. අප්‍රමාණ වූ ආලෝකයක් දෙවියන්ගේ ආලෝකය මැඩගෙන ලොවෙහි පැතිර ගියේය. නිරයේ ගිනිදැල් නිවී ගියේය. ලෝකාන්තරික නරකය ඒකාලෝක විය. මුව පොව්වෝ සිංහයන් තුරුළෙහි කෙළි සෙල්ලම් කළහ. සා පොව්වෝ ව්‍යාඝ්‍ර ධේනුව තුරුළෙහි නිදාගත්හ. නාගයෝ ගුරුළන් හා නැටුම් නැටූහ. මුගටීහු නයින් සමීපයට විත් උසුළු විසුළු කළහ. ලොවෙහි මෘදංග, පනාබෙර ආදී අනේක වාද්‍ය වෘන්දයන් තෙමේම හඬ නැංවීය. රන් සීනු තෙමේම හඬ නැංවීය. අලාමක වූත්, ආශ්චර්ය අද්භූත වූත් විචිත්‍ර භාවයකින් සකල ලෝකය ඇලලී ගියේය.

වජිර සංඝාත සරීරෝ - වජිරා ඤාණා නමාකරෝ

යෝ බුද්ධෝ බෝධි මූලම්හි - නිසින්නෝ වජිරාසනේ

පඨමේ පුබ්බේනිවාසං - මජ්ඣිමේ දිබ්බචක්ඛුකං

පච්ඡිමේ සබ්බසංඛාරේ - සම්මසං ලක්ඛකෝටියං

ඡත්තිංසාය කෝටි සතසහස්ස - මුඛේන පච්චයං

ඕතාර මහා වජිරේන - සුසම්බුද්ධාසවක්ඛයං
බුද්ධභූමි නිට්ඨංගෝ - සෝ මහාවජිරඤාණසා
බෝධනෙය්‍යෝ සුබෝධෙත්වා - බෝධේසිතං නමාමහං

වජිරාසන මත වැඩහිඳ - විදුරු නැණ බලින් සපිරුණු
නුවණ විහිද වූ මුනිඳුන් - සදා වඳිමි මම්
බෝධිමූලයේ සෙවනෙදී - පුදා දිවි උතුම් නිවනට
පරදා සේනා ඇති මරු - පින් බලය මතු කළේ
සොයා ගත් නිවන් මග තුළ - සම්බෝධිරාජ බවට පැමිණ
පුබ්බේනිවාස ඤාණය ලැබ - ප්‍රථම යාමයේ
සුගති දුගතියෙහි ඉපදෙන - ලෝ සතුනගෙ දුක දැනගෙන
දිවැස් නුවණ ලැබූ සේක - මැදුම් යාමයේ
සියලුම සංස්කාර ලොවේ - නුවණින් විමසා බලමින්
ලක්ෂ කෝටි වාර ගණන් - එය මෙනෙහි කළේ
සතිස් කෝටි සිය දහසක් - හේතුඵල දහම් විමසා
මහා විදුරු නැණ බලයෙන් - ඇති තතු වටහා
සම්මා සම්බුදු බව ලැබ - නසා හැම කෙලෙස් පිරිසිඳ
දිනූ සේක මෙහි වැඩ හිඳ - බුද්ධ භූමියේ
මහා විදුරු නුවණින් යුතු - සම්බුද්ධරාජ මුනිඳුන් ලොව
නුවණැති දෙව් මිනිසුන් තුළ - නිවන මතු කළේ
ඒ උතුම් බෝධි නුවණට මම - නැමී වැඳ වැටී සිරසින්
පහන් වූ සිතින් හැමවිට - වන්දනා කරමි

යස්මිං නිසජ්ජ වජිරාසන බන්ධනේන
ජෙත්වා ස්වාසන කිලේස බලං මුනින්දෝ
සම්බෝධි ඤාණමවගම්ම විභාසි සම්මා
තං බෝධිචේතිය මහා සිරසා නමාමි

වාඩි වී වජිරාසනේ මත
- වීරියෙන් දිනූ බුදු රජාණෙනි
නේක දොස් ඇති සියළු කෙලෙසුන්
- නසා ජය ගත් මුනි රජාණෙනි
ඥාණබලයෙන් යුතුව සම්බුදු
- බවට පත් වූ සිහරජාණෙනි
බෝධිචේතිය වඳිමි සිරසින්
- සිතා සම්බුදු ගුණ සුවාමිනි

අප බුදුරජාණෝ දහම ගුරු කරගත් සේක.

මෙසේ ශ්‍රී සම්බුද්ධත්වය ලද අප භාග්‍යවතුන් වහන්සේ විමුක්ති සුවය විඳිමින් අනිමිස ලෝචන චෛත්‍යස්ථානයෙහි සතියක් වැඩසිටි සේක. තුන්වෙනි සතියෙහි බෝ මැඩ අසල පටිච්චසමුප්පාද ධර්මයන්ගේ සමුදය නිරෝධය මෙනෙහි කරමින් සතියක් වැඩසිටි සේක. සිව්වන සතියේදී හේතුඵල ධර්මයන්ගේ මූලික ස්වභාවය විමසමින් රතනඝරයෙහි සතියක් වැඩසිටි සේක. පස්වෙනි සතියෙහි අජපාල නම් නුගරුක් සෙවෙණෙහි විමුක්ති සුව විඳිමින් සතියක් වැඩසිටි සේක.

එකල්හී භාග්‍යවතුන් වහන්සේ මෙසේ සිතූ සේක. 'ගුරුවරයෙකු රහිතව සිටීම දුකකි. මා යම්කිසි ශ්‍රමණයෙකුට හෝ බ්‍රාහ්මණයෙකුට හෝ සත්කාර කොට ගෞරව කොට ඇසුරු කොට වාසය කළ යුතු නම් එබඳු කෙනෙක් ලෝකයෙහි සිටිත් ද?' එකල්හී භාග්‍යවතුන් වහන්සේ නොපිරිපුන් සීලය හෝ සමාධිය හෝ ප්‍රඥාව හෝ විමුක්තිය හෝ පිරිපුන් කරගැනීම් වස් එයට සරිලන ආචාර්යවරයෙක් ලොවෙහි සිටිත් දැයි සකල ලොව

සිසාරා නුවණින් බැලූ සේක. එකෙණෙහි සහම්පතී බ්‍රහ්මරාජයා භාග්‍යවතුන් වහන්සේගේ චිත්ත පරිවිතර්කය දැන ඉදිරියෙහි පහළ විය. දණ මඬල බිම නවා වන්දනා කරමින් භාග්‍යවතුන් වහන්සේට මෙසේ පවසා සිටියේය.

"එය එසේමය භාග්‍යවතුන් වහන්ස. එය එසේමය සුගතයාණන් වහන්ස. අතීතයෙහි වැඩසිටි අරහත් වූ සම්මා සම්බුදුරජාණන් වහන්සේලා ධර්මයටම සත්කාර ගරුකාර කොට ඇසුරු කොට වාසය කළ සේක. අනාගතයෙහි පහළ වන්නා වූ අරහත් වූ සම්මා සම්බුදුරජාණන් වහන්සේලා වෙත් ද උන්වහන්සේලා ද ධර්මයටම සත්කාර ගරුකාර කොට ඇසුරු කොට වාසය කරන්නාහුය. එහෙයින් මෙකල පහළ වූ අරහත් වූ සම්මා සම්බුද්ධ වූ අප භාග්‍යවතුන් වහන්සේද අවබෝධකොට වදාරණ ලද උතුම් ශ්‍රී සද්ධර්මයම සත්කාර කොට ගෞරව කොට ඇසුරු කොට වසන සේක්වා!"

මෙසේ අපගේ භාග්‍යවතුන් වහන්සේ අජපාල නුගරුක් සෙවණෙහිදී උතුම් ධර්මය ආචාර්ය තනතුරෙහි තබාගත් සේක.

හයවන සතියෙහි මුචලින්ද විල් තෙර මුචලින්ද නා රජුගේ භෝගාවලියට මැදිව නා රජුගෙන් සෙවණ ලබමින් විමුක්ති සුව විඳිමින් සතියක් වැඩසිටි සේක. සත්වන සතියෙහි රාජායතන නම් කිරිපලු නුගරුක් සෙවණෙහි විමුක්ති සුව විඳිමින් සතියක් වැඩසිටි සේක.

විමුක්ති සුව විඳිමින් සත් සතියක් ගෙවමින්නේ
අමා නිවන ලැබ දුන් දහමට ගරු කරමින්නේ
පෙර බුදුවරු දහමට ගරු කළ මගමයි යන්නේ
අප මුනිඳුන් උතුම් දහම ගුරු කොට සළකන්නේ

සහම්පතී බඹහුගෙන් දම් දෙසුමට ඇරයුම් ලැබේ.

ඉන්පසු භාග්‍යවතුන් වහන්සේට මෙසේ සිතුණි. 'මවිසින් අවබෝධ කරන ලද මේ ධර්මය වනාහී ගම්භීර වේ. දැකීමෙහි දුෂ්කර වේ. අවබෝධයෙහි දුෂ්කර වේ. ශාන්ත වේ. ප්‍රණීත වේ. තර්කය ඉක්මවා ගියේ වේ. සියුම් වේ. නැණවතුන් විසින් පසක් කළ යුතු වේ. එවන් දහමක් තෘෂ්ණාවෙහි ඇලී, එයින්ම ප්‍රමුදිත වෙමින් සිටින්නා වූ පොදු ජනයා හට පසක් කළ හැකි වේවිද? මේ හේතුඵල දහමින් යුතු ගාම්භීර දැක්ම පසක් කරගත හැකි වේවිද? එමෙන්ම සියලු සංස්කාරයන් සංසිඳුවන, සියලු කෙලෙස් දුරු කරන තෘෂ්ණාව ක්ෂය කරවන විරාගී වූ නිරෝධය වූ අමා නිවන පසක් කළ හැකි වේවිද? යම් හෙයකින් මේ දහම මා පවසන්නට ගියහොත් අන්‍යයෝ එහිලා අවබෝධ නොකරත් නම් එය මා හට වෙහෙසක් ම ය. අපහසුවෙක් මැ'යි සිතන කල්හි භාග්‍යවතුන් වහන්සේගේ සිත්හි අසිරිමත් ගාථායෙක් පැනනැංගේය.

"කිච්ඡේන මේ අධිගතං හලන්දානි පකාසිතුං
රාගදෝස පරේතේහි නායං ධම්මෝ සුසම්බුධෝ
පටිසෝතගාමිං නිපුණං ගම්භීරං දුද්දසං අණුං
රාගරත්තා න දක්ඛින්ති තමොක්ඛන්ධේන ආවටා'ති

ඉතා දුකසේය මවිසින් මේ දහම පසක් කරනා ලද්දේ. එහෙයින් දැන් මෙය ප්‍රකාශ කිරීමෙහි ඵලක් නැත. රාග ද්වේශාදියෙන් මැඩුණු සිත් ඇති පුද්ගලයින් විසින් මෙ දහම පසක් කිරීම අතිශයින්ම දුෂ්කරය. උඩුගං බලා යන ගමනක් බඳු වූ අතිශය සියුම් වූ ගාම්භීර වූ දැකීමෙහි දුෂ්කර

වූ ඉතා සූක්ෂම වූ මේ ධර්මය රාගයෙන් ඇලුණු අවිද්‍යා අන්ධකාරයෙන් වැසී ගිය ලෝවැස්සෝ නොදකින්නාහ.

එකල්හී සහම්පතී බ්‍රහ්මරාජ තෙමේ සිය සිතින් අප භාග්‍යවතුන් වහන්සේගේ සිත පිරිසිඳ දුටුවේය.

"නස්සති වත භෝ ලෝකෝ. විනස්සති වත භෝ ලෝකෝ. යත්‍ර හි නාම තථාගතස්ස අරහතෝ සම්මා සම්බුද්ධස්ස අප්පොස්සුක්කතාය චිත්තං නමති නෝ ධම්මදේසනායාති."

අහෝ! භවත්නි එකැත්තෙන් ලෝවැස්සා නැසෙන්නාහුය. අහෝ! භවත්නි එකැත්තෙන් ලෝවැස්සා වැනසෙන්නාහුය. යම් තැනක තථාගත වූ අරහත් සම්මා සම්බුදුරජාණන් වහන්සේගේ සිත අල්ප උත්සාහයට නැමී පවතී ද, ධර්ම දේශනාවට නොනැමී පවතී ද එහෙයිනි.

එකල්හී සහම්පතී බ්‍රහ්මතෙමේ භාග්‍යවතුන් වහන්සේ ඉදිරියෙහි පහළ වී උතුරු සළුව ඒකාංශ කොට පොරවා බිම දණ නමා වන්දනා කරමින් මෙසේ ආයාචනා කළේය.

"දේසේතු භන්තේ භගවා ධම්මං. දේසේතු සුගතෝ ධම්මං. සන්ති සත්තා අප්පරජක්ඛ ජාතිකා. අස්සවණතා ධම්මස්ස පරිහායන්ති. භවිස්සන්ති ධම්මස්ස අඤ්ඤාතාරෝ"ති.

භාග්‍යවතුන් වහන්ස, ධර්මය දේශනා කරන සේක්වා! සුගතයාණන් වහන්ස, ධර්මය දේශනා කරන සේක්වා! කෙලෙස් අඩු සත්වයෝ ලොවෙහි සිටිත්මය. ඔවුහු ධර්මය නොඇසීම හේතුවෙන් පිරිහී යති. ධර්මය

ඇසීම හේතුවෙන් අවබෝධය කරා යති.

යළි ගාථාවන්ගෙන් මෙසේ පැවසීය.

පාතුරහෝසි මගධේසු පුබ්බේ
ධම්මෝ අසුද්ධෝ සමලේහි චින්තිතෝ
අවාපුරේතං අමතස්ස ද්වාරා
සුණන්තු ධම්මං විමලේනානුබුද්ධං

කෙලෙස් සහිත වූ ආචාර්යවරුන් විසින් සිතෙන් සිතා කියන ලද අශුද්ධ වූ ධර්මයකි පෙර මගධයෙහි පැතිර තිබෙන්නේ. එහෙයින් අමා නිවනට ද්වාරය විවෘත කර දෙන සේක්වා! නිමල වූ බුද්ධි ඇති සර්වඥයන් වහන්සේගේ දහම ලෝවැස්සෝ අසත්වා!

සේලෝ යථා පබ්බත මුද්ධනිට්ඨිතෝ
යථාපි පස්සේ ජනතං සමන්තතෝ
තථූපමං ධම්මමයං සුමේධ
පාසාදමාරුය්හ සමන්තචක්ඛු
සෝකාවතිණ්ණං ජනතමපේතසෝකෝ
අවෙක්ඛස්සු ජාතිජරාභිභූතං

සොඳුරු ප්‍රඥා ඇති සර්වඥ රාජෝත්තමයාණන් වහන්ස, සෙල් පව් මුදුනකට නැගගත් පුරුෂයෙකු පහළ සිටිනා ජනයා දකින්නේ යම් සේද, ඒ අයුරින්ම සක්වල හාත්පස දක්ක හැකි විස්මිත නේත්‍ර ඇති මුනිඳාණනි, ප්‍රඥාවෙන් කරන ලද ප්‍රාසාදයට නැග හාත්පස බලන සේක්වා! ශෝක රහිත වූ මුනිඳාණෙනි, ශෝකයෙන් මැඩී ගොස් ඉපදීමෙන් ජරාවෙන් පීඩා විඳින දුක්ඛිත ජනයා දෙස බලන සේක්වා!

යමෙක් වනාහී සවන් යුග ඇත්තාහු නම් ඔවුහු දහම් ඇසුමට සැදැහැ සිත්
මුදත්වා! ඔවුන් උදෙසා අමෘත ද්වාරය විවර කරන ලද්දේය.

උට්ඨේහි වීර විජිතසංගාම
සත්තවාහ අණන විචරලෝකේ
දේසේතු භගවා ධම්මං අඤ්ඤාතාරෝ
භවිස්සන්ති

බිම්බරක් සේනා සහිත වූ මාර යුද්ධය දිනා ජයගත් මහා වීරයාණන් වහන්ස, ලෝ සත්නට මග පෙන්වන ගැල්කරුවාණන් වහන්ස, ණය නැතියාණන් වහන්ස, නැගී සිටිනා සේක්වා! ලෝකයෙහි සැරිසරා වඩිනා සේක්වා! භාග්‍යවතුන් වහන්ස, සිරි සදහම් දෙසනා සේක්වා! අවබෝධ කරන්නෝ ඇතිවන්නාහුය.

එකල්හී අපගේ භාග්‍යවතුන් වහන්සේ ඉන්ද්‍රිය පරෝපරියත්ත ඤාණය නම් වූ බුදුනුවණ තුළින්ද, ආසයානුසය ඤාණය නම් වූ බුදුනුවණ තුළින්ද ලොව බැලීම නම් වූ අසිරිමත් බුදු ඇසින් ලොව බලා වදාළ සේක. එකල්හී ලෝ සතුන් දුටුවේ විලක හටගත් පියුම් ලෙසිනි. විලෙහි මේරූ පියුම් ඇත. නොමේරූ පියුම් ද ඇත. දියෙන් උඩට නොපැමිණි පියුම් ද ඇත. මේ අයුරින්ම ඇතැමුනට පහසුවෙන් වටහා දිය හැකිය. ඇතැමුනට වටහා දීමට වෙහෙස ගත යුතුය. ඇතැමුනට කොහෙත්ම වටහා දිය නොහැකිය. මෙම ස්වභාවය තුළ වැඩී ගිය ගුණධර්මයෙන් යුතු සත්වයන් සිටින බව උතුම් බුදු ඇසට පෙනී ගියේය. එකල්හී භාග්‍යවතුන් වහන්සේ සහම්පතී බ්‍රහ්මරාජයා හට ගාථායෙකින් වදාළ සේක.

අපාරුතා තේසං අමතස්ස ද්වාරා
යේ සෝතවන්තෝ පමුඤ්චන්තු සද්ධං
විහිංසසඤ්ඤී පගුණං න භාසිං
ධම්මං පණීතං මනුජේසු ධම්මේ

යමෙක් වනාහී සවන් යුග ඇත්තාහු නම් ඔවුහු දහම් ඇසුමට සැදැහැ සිත් මුදත්වා! ඔවුන් උදෙසා අමෘත ද්වාරය විවර කරන ලද්දේය. පින්වත් බ්‍රහ්මය, මවිසින් ප්‍රගුණ කරන ලද මෙම ප්‍රණීත වූ ධර්මය මිනිසුන් හට නොපැවසූයේ වෙහෙසක්ය යන හැඟීම නිසාය.

දෙවියන්ගේ ඇරයුම් ලැබ බුදු ඇස යොමුවන්නේ
දෙව් මිනිසුන්ගේ ලෝකය නෙළුම් විලක් වැන්නේ
සම්බුදු බණ නොඇසෙන විට ලොව පිරිහී යන්නේ
එනිසා අපගේ මුනිඳුන් දෙසුමට සැරසෙන්නේ

උතුම් දම්සක කැරකෙයි.

මෙසේ සහම්පතී බඹහුගෙන් ලද ඇරයුමින් පසු අපගේ භාග්‍යවතුන් වහන්සේ ධර්ම දේශනාවට සුදුසු කවරහුදැයි විමසා බැලූ සේක. උන්වහන්සේට පළමුව සිහිපත් වූයේ ආලාරකාලාමයන්ය. මහත් අවාසනාවෙකි! හේ සතියකට පෙර මියගොස්ය. ඉන්පසු භාග්‍යවතුන් වහන්සේට සිහිපත් වූයේ උද්දක රාමපුත්‍ර ය. අහෝ! මහත් අවාසනාවෙකි! හේ ඊයේ රාත්‍රියේ මියගොස්ය. එකල්හී භාග්‍යවතුන් වහන්සේට පස්වග ශ්‍රමණවරුන් සිහිපත් විය.

අප භාග්‍යවතුන් වහන්සේ තමන් වහන්සේට පධන් වෙර වඩද්දී බහූපකාරී වූ ඒ පඤ්ච වර්ගීය ශ්‍රමණයන් වහන්සේලා මෙකල සිටින්නේ බරණැස මිගදායේ බව දැක එහි වැඩමවීම පිණිස චාරිකාවට පිළිපන් සේක. එසේ චාරිකායෙහි වඩින භාග්‍යවතුන් වහන්සේට ගයාවත්, බෝ මැඩත් අතර උපක නම් ආජීවකයෙක් මුණගැසුණි. භාග්‍යවතුන් වහන්සේගේ පහන් ඉඳුරන් හා පිරිසිදු සිවි පැහැය බබලනය අයුරු දැක මෙසේ පිළිවිසීය.

"භවත, තෙපි කවරෙකු උදෙසා පැවිදිවූවහුද? තොපගේ ශාස්තෘවරයාණෝ කවරහුද? තෙපි කවරක්හුගේ ධර්මයක් රුචි කරව්ද?"

එකල්හී භාග්‍යවතුන් වහන්සේ මෙසේ වදාළහ.

සබ්බාභිභූ සබ්බවිදූ හමස්මි
සබ්බේසු ධම්මේසු අනූපලිත්තෝ
සබ්බඤ්ජහෝ තණ්හක්ඛයේ විමුත්තෝ
සයං අභිඤ්ඤාය කමුද්දිසෙය්‍යං

මම් වනාහී සියලු දෙය මැඩලූයෙමි. සියලු දෙයෙහි අරුත් පසක් කළෙමි. සියලු ධර්මයන්හි නොතැවරී සිටින්නෙමි. සියලු කෙලෙස් හැර දැමූයෙමි. තෘෂ්ණාව ක්ෂය කිරීමෙන් විමුක්තියට පත්වූයෙමි. මෙසේ ස්වකීය ඥාණයෙන් ලත් අවබෝධයෙන් යුතු මා කවර ශාස්තෘවරයෙකු සොයන්නෙම් ද?

න මෙ ආචරියෝ අත්ථි
සදිසෝ මේ න විජ්ජති
සදේවකස්මිං ලෝකස්මිං
නත්ථි මේ පටිපුග්ගලෝ

මා හට මේ නිකෙලෙස් අමා නිවන හෙළි කළ ආචාර්යවරයෙක් නැත. එනිසා මට සම වූවෙක් ද නැත. දෙවියන් සහිත වූ ලෝකයෙහි මා වැනි වෙනත් කෙනෙක් නැත.

අහං හි අරහා ලෝකේ
අහං සත්ථා අනුත්තරෝ

ඒ භාග්‍යවත් බුදුරජාණන් වහන්සේ විසින් බරණැස ඉසිපතන මිගදායෙහිදී
අනුත්තර වූ ධර්ම චක්‍රය ප්‍රවර්තනය කරන ලද්දේය.

ඒකෝම්හි සම්මාසම්බුද්ධො
සීතිභූතෝස්මි නිබ්බුතෝ

මම් වනාහී ලෝකයෙහි අරහත්වයට පත් කෙනෙක්මි. මම් අනුත්තර වූ ශාස්තෘවරයා වෙමි. මම් එකම සම්මාසම්බුදුවරයා වෙමි. සකල ක්ලේශදාහය නිවී ගියෙන් සිහිල් බවට පත්වූයෙමි. නිවී ගියෙමි.

ධම්මචක්කං පවත්තේතුං
ගච්ඡාමි කාසිනං පුරං
අන්ධභූතස්මිං ලෝකස්මිං
ආහඤ්ඡං අමතදුන්දුභිං

මම් කාසී රට බරණැස් නුවරට ධර්මචක්‍ර ප්‍රවර්තනය පිණිස ගමන් කරමි. අවිද්‍යා අන්ධකාරයෙන් නිදා සිටින ලෝකයා අවදිකරලීම පිණිස අමාබෙරය නාද කරන්නෙමි.

මේ අයුරින් අප භාග්‍යවතුන් වහන්සේ පිළිවෙලින් චාරිකායෙහි වඩිමින් බරණැස ඉසිපතන මිගදායට වැඩි සේක. එය සිදුවූයේ මෙයින් වසර දෙදහස් හයසියයකට පෙර ඇසළ පුන් පොහෝ දිනයේය.

භාග්‍යවතුන් වහන්සේ ඈත වඩිද්දීම පස්වග ශ්‍රමණවරු උන්වහන්සේ ගැන නොසැලකිලිමත් වූහ. එහෙත් භාග්‍යවතුන් වහන්සේ සත්‍යයෙහි පිහිටා එකල පවා සත්‍ය වචනයෙන් පමණක් කතා කළ බව පැවසීමෙන් පසු ඔවුහු ධර්ම ශ්‍රවණයට සූදානම් වූහ. එකල්හී භාග්‍යවතුන් වහන්සේ ඇසළ සඳ නැගී ආ ඒ සොඳුරු රැයෙහි බරණැස මුවලැව්හිදී අමා බෙරය වැයූ සේක. අන්ත දෙකට නොපැමිණි මධ්‍ය ප්‍රතිපදාව නම් වූ ආර්ය අෂ්ටාංගික

මාර්ගය පෙන්වා දුන් සේක. දහම් ඇස ලැබීම පිණිස, නුවණ ලැබීම පිණිස, කෙලෙස් සංසිඳීම පිණිස, විශිෂ්ට ඤාණය පිණිස, සත්‍යාවබෝධය පිණිස, නිවන පිණිස පවතින එකම මග එම ආර්ය අෂ්ටාංගික මාර්ගය බව හෙළිදරව් කළ සේක. චතුරාර්ය සත්‍යය ධර්මය මැනැවින් හෙළි කළ සේක. සත්‍ය ඤාණ, කෘත්‍ය ඤාණ, කෘත ඤාණ වශයෙන් පරිවර්ත තුනකින් යුතුව ආකාර දොළොසකින් යුතුව අවබෝධ කළ යුතු අයුරු පෙන්වා දුන් සේක. ධර්ම චක්‍රය ඉතා සොඳුරු ලෙස කරකවා වදාළ සේක.

එම දෙසුම අවසන් වන කල්හී ආයුෂ්මත් කොණ්ඩඤ්ඤයන් වහන්සේට දහම් ඇස පහළ විය. පොළොවවාසී දෙවියන්ගේ පටන් අකණිටා බඹලොව දක්වා දෙවියෝ මේ අයුරින් ප්‍රීතිඝෝෂා කළහ.

"ඒතං භගවතා බාරාණසියං ඉසිපතනේ මිගදායේ අනුත්තරං ධම්මචක්කං පවත්තිතං. අප්පතිවත්තියං සමණේන වා බ්‍රාහ්මණේන වා දේවේන වා මාරේන වා බ්‍රහ්මුණා වා කේනචි වා ලෝකස්මින්'ති."

ඒ භාග්‍යවත් බුදුරජාණන් වහන්සේ විසින් බරණැස ඉසිපතන මිගදායෙහිදී අනුත්තර වූ ධර්ම චක්‍රය ප්‍රවර්තනය කරන ලද්දේය. එය වනාහී ලෝකයෙහි කිසිදු ශ්‍රමණයෙකු විසින් හෝ බ්‍රාහ්මණයෙකු විසින් හෝ දෙවියෙකු විසින් හෝ මරහු විසින් හෝ බඹහු විසින් හෝ නොකරකැවිය බවට පත්කළ නොහැක්කේමයි කියා ප්‍රීතිඝෝෂා කළහ.

මෙම අසිරිමත් ධර්මචක්‍ර ප්‍රවර්තනය සිදු වූයේ මින් දෙදහස් හයසිය වසරකට පෙර උදාවූ ඇසළ පුන් පොහෝ

දිනකදී ය. එනිසා මෙම වසර **ධර්මචක්‍ර ජයන්ති** වසර ද වේ.

සම්කම්පයං දස සහස්සිය ලෝකධාතුං
දේසේසි යත්‍ර භගවා වර ධම්මචක්කං
බාරණසී පුර සමීප වනේ මිගානං
තං ධම්ම චේතිය මහං සිරසා නමාමි.

කම්පා කරවමින් සහස්සී - දසලෝකධාතු
දෙසූ සේක අප සම්බුදුන් - ධම්සක් දෙසුම් ඒ
බරණැස් පුරේ අසල වූ - මිගදාය වනයේ
ඒ ධම්ම චේතිය උතුම් - සිරසින් වදිම් මම්

පස්වග සමණුන් බරණැස මිගදායේ ඉන්නේ
මෙත් කරුණා ඇති මුනිඳුන් ඔවුන් සොයා යන්නේ
සෙත් සළසන දම් සක මැනැවින් කැරකී යන්නේ
දුක් නිවෙනා අමා නිවන් මග යළි මතු වන්නේ

නිකෙලෙස් රහතුන්ගෙන් බබලන්ටයි.

බරණැස ඉසිපතන මිගදායෙන් ඇරඹි දම්සක කැරකී යාම අඛණ්ඩව සිදුවන්නට පටන් ගත්තේය. පස්වග භික්ෂූන් වහන්සේලා සියල්ලෝම සෝවාන් ඵලයට පත් වූහ. භාග්‍යවතුන් වහන්සේ විසින් වදාරණ ලද අනාත්ම ලක්ෂණ සූත්‍ර දේශනාව ඇසූ ඒ භික්ෂූහු අරහත්වයට පත්වූහ. ඒ පස්වග භික්ෂූන් වහන්සේලා භාග්‍යවතුන් වහන්සේගෙන් ඒහි භික්ෂු පැවදි උපසම්පදාව ලද ප්‍රථම සඟ පිරිසයි. මේ අයුරින් උතුම් බුද්ධරත්නයද ලෝකයෙහි පහළ විය. ශ්‍රී සද්ධර්මරත්නය ද ලෝකයෙහි පහළ විය. අෂ්ටාර්ය පුද්ගල මහා සංඝරත්නය ද ලෝකයෙහි පහළ

විය.

කොණ්ඩඤ්ඤ ස්වාමීන් වහන්සේගේ මාර්ගඵලාවබෝධය ද, ඒහි භික්ෂු පැවිදි භාවය ද සිදුවූයේ මින් වසර දෙදහස් හයසියයකට පෙර ඇසළ පුන් පොහෝ දා ය. එනිසා මෙම වසර 2600 වැනි **ආර්ය සංඝ ජයන්ති** වසර ද වේ.

ධර්ම චක්‍රය නොනවත්වාම කැරකෙයි. ක්‍රමක්‍රමයෙන් භාග්‍යවතුන් වහන්සේගේ ශ්‍රාවකසංඝයා විපුල බවට පත්වෙමින් සිටියි. යස කුලපුත්‍ර ප්‍රධාන ඔහුගේ යහළුවෝද භාග්‍යවතුන් වහන්සේ වෙත පැමිණ මගඵල ලැබූහ. රහතන් වහන්සේලා බවට පත්වූහ.

දැන් භාග්‍යවතුන් වහන්සේ ප්‍රධාන රහතන් වහන්සේලා ලෝකයෙහි සැටඑක්නමක් වූහ. ඒ සැට නමක් රහතන් වහන්සේලාට භාග්‍යවතුන් වහන්සේ මෙසේ වදාළ සේක.

මුත්තෝහං භික්ඛවේ සබ්බපාසේහි යේ දිබ්බා යේ ච මානුසා. තුම්හේපි භික්ඛවේ මුත්තා සබ්බපාසේහි යේ දිබ්බා යේ ච මානුසා.

පින්වත් මහණෙනි, ක්ලේශ ග්‍රහණයකට සත්වයා සිර කරන්නා වූ දිව්‍ය වූත්, මානුෂික වූත් යම් ස්වභාවයක් ඇද්ද, ඒ සියලු ක්ලේශපාශයන්ගෙන් මම නිදහස් වුණෙමි. පින්වත් මහණෙනි, තෙපි ද ක්ලේශ ග්‍රහණයකට සත්වයා සිර කරන්නා වූ දිව්‍ය වූත්, මානුෂික වූත් යම් ස්වභාවයක් ඇද්ද, ඒ සියලු ක්ලේශපාශයන්ගෙන් නිදහස් වූවහුය.

චරථ භික්ඛවේ චාරිකං බහුජන හිතාය,

බහුජන සුඛාය, ලෝකානුකම්පාය, අත්ථාය, හිතාය, සුඛාය දේවමනුස්සානං. මා ඒකේන ද්වේ අගමිත්ථ.

එහෙයින් පින්වත් මහණෙනි, චාරිකායෙහි සැරිසරා වඩිව්. ඒ බොහෝ ජනයාට හිත පිණිස ය. බොහෝ ජනයාට සැප පිණිසය. ලොවට අනුකම්පා පිණිසය. යහපත පිණිසය. හිත පිණිසය. දෙව් මිනිසුන් හට සැපය පිණිසය. එක මගකින් දෙනමක් නොයව්.

දේසේථ භික්ඛවේ ධම්මං ආදි කල්‍යාණං, මජ්ඣේ කල්‍යාණං, පරියෝසාන කල්‍යාණං සාත්ථං සබ්‍යඤ්ජනං කේවල පරිපුණ්ණං පරිසුද්ධං බ්‍රහ්මචරියං පකාසේථ.

පින්වත් මහණෙනි, ධර්මය දේශනා කරව්. පටන් ගැනීම ද කල්‍යාණ වූ, මධ්‍යය ද කල්‍යාණ වූ, අවසන් වීම ද කල්‍යාණ වූ පැහැදිලි අර්ථ ඇති, පැහැදිලි වචන විග්‍රහයන් ඇති මුළුමනින්ම පරිපූර්ණ වූ පාරිශුද්ධ වූ නිවන් මග ප්‍රකාශ කරව්.

සන්ති සත්තා අප්පරජක්ඛජාතිකා අස්සවණතා ධම්මස්ස පරිහායන්ති. භවිස්සන්ති ධම්මස්ස අඤ්ඤාතාරෝ. අහම්පි භික්ඛවේ යේන උරුවේලා සේනානි නිගමෝ. තේනුපසංකමි ධම්මදේසනායාති.

කෙලෙස් අඩු සත්වයෝ ඇත්තාහුය. සද්ධර්ම ශ්‍රවණය නොලැබීමෙන් ඔවුහු පිරිහී යති. සද්ධර්මය ශ්‍රවණය ලැබීමෙන් ඔවුහු අවබෝධ කරන්නාහුය. පින්වත් මහණෙනි, මම් ද උරුවේලායෙහි සේනානි නම් නියම් ගමෙක් ඇද්ද, එහි යමි. ඒ ධර්ම දේශනාව පිණිස ය.

නිකෙලෙස් අරහත් මුනිවරු යළි ලොව වැඩඉන්නේ
සඟ පිරිස ද දම් දෙසුමට යොමු කරවා ලන්නේ
පින් ඇති දෙව් මිනිසුන් හට සෙත සැළසී යන්නේ
තුන් ලොවටම සැපත සදන යුගයකි දැන් එන්නේ

ඒ භාග්‍යවත් අරහත් සම්මා සම්බුදුරජාණන් වහන්සේට නමස්කාර වේවා!

මෙසේ භාග්‍යවතුන් වහන්සේ උතුම් ශ්‍රී සම්බුද්ධත්වයෙන් ලද විමුක්තිය හෙවත් සසර දුකින් නිදහස් වීම නම් වූ අමා වැසි වස්සමින් දහම් සක කරකවා වදාරණ සේක. ඒ භාග්‍යවතුන් වහන්සේගේ අවබෝධය කෙරෙහි සිත පහදා ගැනීම ශ්‍රද්ධාව වේ. ඒ පිළිබඳව අපගේ භාග්‍යවතුන් වහන්සේ මෙසේ වදාළ සේක.

ඉධ භික්ඛවේ අරියසාවකෝ බුද්ධේ අවෙච්චප්පසාදේන සමන්නාගතෝ හෝති. ඉතිපි සෝ භගවා අරහං සම්මා සම්බුද්ධෝ විජ්ජාචරණ සම්පණ්ණෝ සුගතෝ ලෝකවිදූ අනුත්තරෝ පුරිසදම්ම සාරථී සත්ථා දේවමනුස්සානං බුද්ධෝ භගවා'ති.

පින්වත් මහණෙනි, මෙහිලා ආර්යශ්‍රාවකයා බුදුරජාණන් වහන්සේ කෙරෙහි නොසෙල්වෙන චිත්තප්‍රසාදයෙන් යුක්ත වේ. එනම් ඒ භාග්‍යවතුන් වහන්සේ මේ මේ කරුණු නිසාවෙන් අරහං වන සේක. සම්මා සම්බුද්ධ වන සේක. විජ්ජාචරණ සම්පන්න වන සේක. සුගත වන සේක. ලෝකවිදූ වන සේක. අනුත්තරෝ

පුරිසදම්ම සාරථී වන සේක. සත්ථා දේවමනුස්සානං වන සේක. බුද්ධ වන සේක. භගවා වන සේක.

මෙසේ ආර්ය ශ්‍රාවකයා ශ්‍රද්ධාවෙන් යුක්ත වෙයි.

සද්දහති තථාගතස්ස බෝධිං

තථාගතයන් වහන්සේගේ ශ්‍රී සම්බුද්ධත්වය අදහා ගනී.

ඉධ භික්ඛවේ අරියසාවකෝ ධම්මේ අවෙච්චප්පසාදේන සමන්නාගතෝ හෝති. ස්වාක්ඛාතෝ භගවතා ධම්මෝ සන්දිට්ඨිකෝ අකාලිකෝ ඒහිපස්සිකෝ ඕපනයිකෝ පච්චත්තං වේදිතබ්බෝ විඤ්ඤූහී'ති.

පින්වත් මහණෙනි, මෙහිලා ආර්යශ්‍රාවකයා ධර්මය කෙරෙහි නොසෙල්වෙන චිත්තප්‍රසාදයෙන් යුක්ත වේ. එනම් ඒ භාග්‍යවතුන් වහන්සේ විසින් මුල මැද අග පිරිසිදු ලෙස මැනැවින් ශ්‍රී සද්ධර්මය දෙසන ලද්දේය. එම ධර්මය වනාහී සන්දිට්ඨික වන සේක. අකාලික වන සේක. ඒහිපස්සික වන සේක. ඕපනයික වන සේක. පච්චත්තං වේදිතබ්බෝ විඤ්ඤූහී වන සේක.

මේ අයුරින් බුදුරජාණන් වහන්සේ වදාළ ධර්මය ගැන සිත පහදවා ගැනීම ලොවට යහපත පිණිස පවතින්නේ වේ.

ඉධ භික්ඛවේ අරියසාවකෝ සංඝේ අවෙච්චප්පසාදේන සමන්නාගතෝ හෝති. සුපටිපන්නෝ භගවතෝ සාවකසංඝෝ.

උජුපටිපන්නෝ භගවතෝ සාවකසංඝෝ. ඤායපටිපන්නෝ භගවතෝ සාවකසංඝෝ. සාමීචිපටිපන්නෝ භගවතෝ සාවකසංඝෝ. යදිදං චත්තාරි පුරිසයුගානි අට්ඨපුරිස පුග්ගලා ඒස භගවතෝ සාවක සංඝෝ ආහුණෙය්‍යෝ පාහුණෙය්‍යෝ දක්ඛිණෙය්‍යෝ අඤ්ජලිකරණීයෝ අනුත්තරං පුඤ්ඤක්ඛෙත්තං ලෝකස්සා'ති.

පින්වත් මහණෙනි, මෙහිලා ආර්යශ්‍රාවකයා සංඝයා කෙරෙහි නොසෙල්වෙන චිත්තප්‍රසාදයෙන් යුක්ත වේ. එනම් ඒ භාග්‍යවතුන් වහන්සේ ශ්‍රාවක සංඝයා සුපටිපන්න වන සේක. උජුපටිපන්න වන සේක. ඤායපටිපන්න වන සේක. සාමීචිපටිපන්න වන සේක. මාර්ගඵල යුගල වශයෙන් සතර නමක් වන සේක. මාර්ගඵල පුද්ගල වශයෙන් අට නමක් වන සේක. ආහුණෙය්‍ය වන සේක. පාහුණෙය්‍ය වන සේක. දක්ඛිණෙය්‍ය වන සේක. අඤ්ජලිකරණීය වන සේක. ලොවට උතුම් පින් කෙත වන සේක.

මෙසේ අපගේ භාග්‍යවතුන් වහන්සේ ඒකාන්තයෙන්ම සම්මා සම්බුද්ධ වන සේක. භාග්‍යවතුන් වහන්සේ තුළින්ම ශ්‍රී සද්ධර්මය පහළ වන සේක. භාග්‍යවතුන් වහන්සේ වදාළ අනුශාසනී ප්‍රාතිහාර්ය තුළින්ම ශ්‍රාවක සංඝයා බිහි වූ සේක. භාග්‍යවතුන් වහන්සේම අනුත්තර වන සේක.

ඒකාන්තයෙන්ම අපගේ භාග්‍යවතුන් වහන්සේ අනේක වූ ඉර්ධි ප්‍රාතිහාර්ය පෑමෙහිලා විස්මිත නුවණින් හෙබි සේක. උන්වහන්සේ හුදෙකලාව සිටිමින් බොහෝ දෙනෙකු සේ පෙනී සිටීමට සමර්ථ සේක. බොහෝ දෙනෙක් සේ පෙනී සිටිමින් හුදෙකලාවෙහි වැඩ

සිටින සේක. ප්‍රකටව ද සිටින සේක. අප්‍රකටව ද සිටින සේක. පර්වත බිත්ති හරහා අහසෙහි යන පරිද්දෙන් නොගැටී ගමන් කළ හැකි සේක. ජලයෙහි කිමිදෙන පරිද්දෙන් පොළොවෙහි මතුවීම කිමිදීම කළ හැකි සේක. පොළොවෙහි යන පරිද්දෙන් ජලයෙහි ඇවිද යා හැකි සේක. පක්ෂියෙකු පරිද්දෙන් අහසෙහි පළඟින් වඩින සේක. මහානුභාව සම්පන්න වූ සූර්ය චන්ද්‍ර දෙදෙනා ද ඉර්ධි බලයෙන් ස්පර්ශ කළ හැකි සේක. බඹලොව තෙක් ස්වකීය වසඟයෙහි පවත්වාලිය හැකි සේක. මෙසේ අප භාග්‍යවතුන් වහන්සේ ඉර්ධිවිධ ඥාණයෙන් යුතු සේක.

අපගේ භාග්‍යවතුන් වහන්සේ දිව්‍ය ශ්‍රවණයෙන් යුතු වූ සේක. මිනිස් හැකියාව ඉක්ම ගිය දුර වේවා ළඟ වේවා යම් දිව්‍ය වූ හෝ මානුෂීය වූ හෝ ශබ්දයක් ඇද්ද, ඒ සියල්ල ඇසීමෙහි සමර්ථ වන සේක.

අපගේ භාග්‍යවතුන් වහන්සේ බාහිර පුද්ගලයින්ගේ සිත් සතන් විනිවිද දැක්මෙහි සමර්ථ වන සේක. සරාගී සිත සරාගී සිත යැයි මැනැවින් දන්නා සේක. විරාගී සිත විරාගී සිත යැයි මැනැවින් දන්නා සේක. සදෝෂී සිත සදෝෂී සිත යැයි මැනැවින් දන්නා සේක. වීතදෝෂී සිත වීතදෝෂී සිත යැයි මැනැවින් දන්නා සේක. මෝහ සහිත සිත මෝහ සහිත සිත යැයි මැනැවින් දන්නා සේක. මෝහ රහිත සිත මෝහ රහිත සිත යැයි මැනැවින් දන්නා සේක. හැකිලී ගිය සිත හැකිලී ගිය සිත යැයි මැනැවින් දන්නා සේක. විසිරී ගිය සිත විසිරී ගිය සිත යැයි මැනැවින් දන්නා සේක. සමාධිය වැඩුණු සිත සමාධිය වැඩුණු සිත යැයි මැනැවින් දන්නා සේක. සමාධිය නොවැඩුණු සිත සමාධිය නොවැඩුණු සිත යැයි මැනැවින් දන්නා සේක. ශ්‍රේෂ්ඨ බවට පත් සිත ශ්‍රේෂ්ඨ බවට පත් සිත

යැයි මැනැවින් දන්නා සේක. ශ්‍රේෂ්ඨ බවට නොපත් සිත ශ්‍රේෂ්ඨ බවට නොපත් සිත යැයි මැනැවින් දන්නා සේක. සමාහිත සිත සමාහිත සිත යැයි මැනැවින් දන්නා සේක. අසමාහිත සිත අසමාහිත සිත යැයි මැනැවින් දන්නා සේක. කෙලෙසුන්ගෙන් මිදුණු සිත කෙලෙසුන්ගෙන් මිදුණු සිත යැයි මැනැවින් දන්නා සේක. කෙලෙසුන් ගෙන් නොමිදුණු සිත කෙලෙසුන්ගෙන් නොමිදුණු සිත යැයි මැනැවින් දන්නා සේක.

අපගේ භාග්‍යවතුන් වහන්සේ තථාගත ඤාණබල දහයකින් යුතුවන සේක. එනම් විය හැකි දේත්, නොවිය හැකි දේත් ඒ අයුරින්ම දන්නා සේක. එමෙන්ම අතීත අනාගත වර්තමාන කර්මයන්ගේ විපාක දෙන යම් ස්වභාවයක් ඇද්ද, එහි හේතු ප්‍රත්‍ය ධර්මයන් මැනැවින් දන්නා සේක. සියලු ලෝකයන්හි ඉපදීමට හේතුවන්නා වූ ප්‍රතිපදාව මැනැවින් දන්නා සේක. ලොවෙහි ඇති ධර්මතාවයන් ද ධාතු ස්වභාවයන් ද මැනැවින් දන්නා සේක. සත්වයන්ගේ පවතින කෙලෙස්වල ඌන, අධික ස්වභාවය මැනැවින් දන්නා සේක. අන්‍ය සත්වයන්ගේ ශ්‍රද්ධාදී ඉන්ද්‍රිය ධර්මයන් වැඩෙන පිරිහෙන අයුරු මැනැවින් දන්නා සේක. ධ්‍යාන සමාපත්ති විමෝක්ෂ සහ ඒවා කිලිටි වන අයුරුත්, පිරිසිදු වන අයුරුත් මැනැවින් දන්නා සේක. එමෙන්ම පුබ්බේනිවාසානුස්සති ඤාණයෙන් ද, චුතූපපාත ඤාණායෙන්ද, ආසවක්ඛය ඤාණයෙන් ද සමන්විත වන සේක. මෙසේ භාග්‍යවතුන් වහන්සේ ශ්‍රී සම්බුද්ධත්වය තුළින තථාගත බල ඤාණයන් සාක්ෂාත් කළ සේක.

අපගේ භාග්‍යවතුන් වහන්සේ සිව් විශාරද ඤාණයෙන් සමන්විත වන සේක. ශ්‍රී සම්බුද්ධත්වය

පිළිබඳවත්, උන්වහන්සේගේ අරහත්වය පිළිබඳවත්, ධර්ම මාර්ගයට බාධා පිණිස පවතින කරුණු පිළිබඳවත්, ධර්මයෙහි ඇති සුධර්මත්වය හෙවත් එය විමුක්තිය කරා යන ආකාරය පිළිබඳවත් විශාරද භාවයෙන් යුතු වන සේක.

අපගේ භාග්‍යවතුන් වහන්සේ අටපිරිසක් මධ්‍යයෙහි විශාරදව වැඩසිටින සේක. ක්ෂත්‍රිය පිරිස, බ්‍රාහ්මණ පිරිස, ගෘහපති පිරිස, ශ්‍රමණ පිරිස, චාතුම්මහාරාජික පිරිස, තාවතිංස පිරිස, මාර පිරිස හා බ්‍රහ්ම පිරිස යනු මේ අට පිරිසයි.

අපගේ භාග්‍යවතුන් වහන්සේ සත්වයා උපදින ආකාර සතරම මැනැවින් දන්නා සේක. එනම් අණ්ඩජ යෝනියෙන් ද, ජලාබුජ යෝනියෙන් ද, සංසේදජ යෝනියෙන් ද, ඕපපාතික යෝනියෙන් ද සත්වයා උපදින අයුරු මැනැවින් දන්නා සේක.

අපගේ භාග්‍යවතුන් වහන්සේ සත්වයන්ගේ ගති පහ මැනැවින් දන්නා සේක. එනම් නිරයත්, තිරිසන් යෝනියත්, ප්‍රේත ලෝකයත්, මිනිස් ලොව හා දෙව්ලොවත් ය.

අපගේ භාග්‍යවතුන් වහන්සේ නිවනත් මැනැවින් දන්නා සේක. නිවනට යන මගත් මැනැවින් දන්නා සේක. යම් ප්‍රතිපදාවකින් ආශ්‍රවයන් ක්ෂය වී විද්‍යා විමුක්ති සාක්ෂාත් කරත් ද එම ප්‍රතිපදාව ද මැනැවින් දන්නා සේක.

අපගේ භාග්‍යවතුන් වහන්සේ සතර සතිපට්ඨාන මැනැවින් දන්නා සේක. සතර ඉර්ධිපාද මැනැවින් දන්නා සේක. සතර සම්‍යක් ප්‍රධාන වීර්යය මැනැවින් දන්නා සේක. සද්ධා, විරිය, සති, සමාධි, පඤ්ඤා යන පංච ඉන්ද්‍රිය ධර්මයන් මැනැවින් දන්නා සේක. සද්ධා,

විරිය, සති, සමාධි, පඤ්ඤා යන පංච බල ධර්මයන් මැනැවින් දන්නා සේක. සති සම්බොජ්ඣංගය මැනැවින් දන්නා සේක. ධම්මවිචය සම්බොජ්ඣංගය මැනැවින් දන්නා සේක. විරිය සම්බොජ්ඣංගය මැනැවින් දන්නා සේක. පීති සම්බොජ්ඣංගය මැනැවින් දන්නා සේක. පස්සද්ධි සම්බොජ්ඣංගය මැනැවින් දන්නා සේක. සමාධි සම්බොජ්ඣංගය මැනැවින් දන්නා සේක. උපෙක්ඛා සම්බොජ්ඣංගය මැනැවින් දන්නා සේක. ආර්ය අෂ්ටාංගික මාර්ගය මැනැවින් දන්නා සේක. එනම් සම්මා දිට්ඨිය ද, සම්මා සංකල්පයද, සම්මා වාචා ද, සම්මා කම්මන්තය ද, සම්මා ආජීවය ද, සම්මා වායාමය ද, සම්මා සතිය ද, සම්මා සමාධිය ද මැනැවින් දන්නා සේක. එමෙන්ම භාග්‍යවතුන් වහන්සේ සම්මා විමුක්තිය ද මැනැවින් දන්නා සේක. විමුක්ති ඤාණ දර්ශනය ද මැනැවින් දන්නා සේක. අමා මහ නිවන ද මැනැවින් දන්නා සේක.

සාදු! සාදු! ඒ භාග්‍යවත් වූ අරහත් වූ සම්මා සම්බුදුරජාණන් වහන්සේ මෙයින් වසර දෙදහස් හයසිය තිස්පහකට පෙර ලුම්බිණී සල් උයනේදී මනුලොව උපන් සේක.

සාදු! සාදු! ඒ භාග්‍යවත් වූ අරහත් වූ සම්මා සම්බුදුරජාණන් වහන්සේ මෙයින් වසර දෙදහස් හයසියයකට පෙර ගයාවෙහි නේරංජරා නදිය අසබඩ ඇසතු බෝ රුක් සෙවණෙහිදී තුන් ලොව ජයගෙන උතුම් ශ්‍රී සම්බුද්ධත්වයට පත් වූ සේක.

සාදු! සාදු! ඒ භාග්‍යවත් වූ අරහත් වූ සම්මා සම්බුදුරජාණන් වහන්සේ මෙයින් වසර දෙදහස්

හයසියයකට පෙර බරණැස ඉසිපතන මිගදායෙහිදී අනුත්තර වූ ධර්ම චක්‍රය ප්‍රවර්තනය කරන ලද්දේය.

සාදු! සාදු! ඒ භාග්‍යවත් වූ අරහත් වූ සම්මා සම්බුදුරජාණන් වහන්සේ මෙයින් වසර දෙදහස් පන්සිය පනස් පහකට පෙර කුසිනාරායෙහි උපවර්තන ශාල වනෝද්‍යානයෙහිදී පිරිනිවන් පා වදාළ සේක.

1. සිය පින් සිරිසාර ගුණෙන් - පෙරුම් පුරා වඩිනා
අපමණ දුක් වෙහෙස දරා - ලොවට සැපත සදනා
නොවෙනස් පැතුමක් පෙරටුව - හදමඬලෙහි රැඳෙනා
කවුද කියන් වඩිනා මේ - පින්වත් මහ මුනිඳා
මේ අප බෝසත් මුනිඳු ය - සම්බුදු බව පතනා

2. පෙරුම්දම් පුරා සතුටින් - තුසිත ලොවේ සිටිනා
පස්මහ බැලුමන් බලමින් - මනු පියසට වඩිනා
ලුම්බිණි සල් වනයේදී - සල් කුසුමන් පිපෙනා
වැඩි පින්වත් පුතා කවුද - සත් පියවර තබනා
මේ අප බෝසත් මුනිඳු ය - සම්බුදු බව පතනා

3. උතුරා දරු සෙනෙහස එහි - බලා සිටින අම්මා
අල්ලා සල් අත්ත සොඳින් - හිනැහෙනවා අම්මා
ඇවිදින බුදු පුතුන් බලා - සෙත් පතනා අම්මා
කවුද කියන් සතුට පිරුණු - මේ බෝසත් අම්මා
මහමායා බිසවයි මේ - අප මුනිඳුගෙ අම්මා

4. දෙව් බඹ පිරිසක් ඇවිදින් - අහසේ වැඩ සිටිනා
සිඟිති පුතුට රැකවල් දෙන - සුදු සේසත් දරනා
දකුණත ඔසවා අහසට - මිහිරි සරෙන් කියනා
කවුරුද මේ සිඟිති පුතා - සිහනද පතුරුවනා
මේ අප බෝසත් මුනිඳු ය - සම්බුදු බව පතනා

5. ලෝසත විඳිනා දුක දැක - හද කම්පා වෙමිනා
රහල් පුතු ද බිම්බාව ද - දෙස බලමින් වඩිනා
සත හට සෙත් සදන සිතින් - අබිනික්මන් කරනා
මේ යොවුන් වීරයා කවුරුද - අසෙකු පිටින් වඩිනා
මේ අප බෝසත් මුනිඳු ය - සම්බුදු බව පතනා

6. ශ්‍රමණ වෙසක් ගෙන වනයේ - ඝෝර තපස් රකිනා
කුසට අහර නෙගෙන නිතින් - වෙර වීරිය වඩනා
ඇට පෑදී ගිය සිරුරින් - පෙර මඟට ම වඩිනා
මේ විස්මිත මුනිඳු කවුද - අමා නිවන සොයනා
මේ අප බෝසත් මුනිඳු ය - සම්බුදු බව පතනා

7. වළඳා කිරිපිඬු ද එදා - නදියෙන් ගොඩ වෙමිනා
බෝ සෙවණේ සිසිල මතින් - කුස තණ අතුරමිනා
එලා සඟල සිවුර සොඳින් - ඒ මත වැඩහිඳිනා
කවුරුදු මහ සමණිඳු මේ - විදුරසුනේ සිටිනා
මේ අප බෝසත් මුනිඳු ය - සම්බුදු බව පතනා

8. කළුවර වෙන අහස් කුසේ - විදුලි කෙටිලි දිලෙනා
ඇතෙකු පිට නැඟී මරු එයි - සේනාව ද රැගෙනා
වට කොට මේ සමිඳාණන් - හිරිහැර වධ කරනා
මහා වීර මුනිඳු කවුද - මෙහි නොසැලී සිටිනා
මේ අප බෝසත් මුනිඳු ය - සම්බුදු බව පතනා

9. බැහැර කරන්නට මුනිඳුව - මරු එහි මොර දෙන්නේ
සේනාවන් වට කරගෙන - යන මඟ වළකන්නේ
මුනිඳුන් දකුණත තබමින් - මිහිකත අමතන්නේ
මේ එඩිතර මුනිඳු කවුද - මිහිකත හඬවන්නේ
මේ අප බෝසත් මුනිඳු ය - විදුරසුනේ ඉන්නේ

10. බියපත් වසවත් මරු එහි - පැරද පලා යන්නේ

දසබිම්බර මාර සෙනඟ - දස අත විසිරෙන්නේ
මුනිඳුට ජය අත්වෙනවා - දෙවියන් තුටු වන්නේ
මේ මහා වීර මුනිඳු කවුද - ජය පිට ජය වන්නේ
අපගේ ගෞතම මුනිඳු ය - විදුරසුනේ ඉන්නේ

11. දෙව්ලොව දෙවියන් සතුටින් - දිවසළු සොළවන්නේ
මුනිඳුගෙ ජය ගැන කියමින් - දිවමල් වගුරන්නේ
බෝ සෙවණේ සිටි මුනිඳුන් - මැදුම් මගේ යන්නේ
මේ විස්මිත මුනිඳාණන් - කවුද කියාපන්නේ
අපගේ ගෞතම මුනිඳු ය - බුදුවෙන්ටයි යන්නේ

12. පෙරයම ගෙවෙනා විට සිත - හොඳින් එකඟ වන්නේ
සසරේ ගත කළ දිවිමඟ - එකිනෙක සිහි වන්නේ
ගෙවුණු අතීතය දකිමින් - නුවණකි මතුවන්නේ
මේ නුවණැති මුනිඳු කවුද - විදුරසුනේ ඉන්නේ
අපගේ ගෞතම මුනිඳු ය - බුදුවෙන්ටයි යන්නේ

13. ලෝසත ඉපදෙන මැරෙනා - අයුරු ය විමසන්නේ
කළ කම් පල දෙමින් සතුන් - සසර පුරා යන්නේ
භවයෙන් ගොඩ එන්නට බැරි - ලෝ සත දකිමින්නේ
මේ නුවණැති මුනිඳු කවුද - දිවැස් ලබාගන්නේ
අපගේ ගෞතම මුනිඳු ය - බුදුවෙන්ටයි යන්නේ

14. හේතු සකස් වෙන විට ලොව - දුක ම යි හටගන්නේ
ඒ හේතුන් නැතිවෙන විට - දුක ම යි නැතිවන්නේ
දුකේ හේතු නසන මුනිඳු - දුකින් මිදී යන්නේ
මේ නුවණැති මුනිඳු කවුද - නිවනයි ලැබගන්නේ
අපගේ ගෞතම මුනිඳු ය - බුදුබව ලැබගන්නේ

15. වෙසඟේ සඳරැස් අහසේ - සිසිලස පතුරමිනා
බෝපත් සැළෙමින් මුනිඳුට - සෙවණැලි සුව සදනා

අමා නිවන් සුව විඳිමින් - සුවසේ වැඩහිඳිනා
කවුරුද මේ මුනිඳාණන් - බුදුරැස් විහිදුවනා
අප භගවත් මුනිඳුයි මේ - සම්බුදු බව ලබනා

16. දෙව්ලොව දෙවියෝ සතුටින් - ඔල්වරසන් දෙන්නේ
දිව සළු නගමින් අහසේ - දෙව් ගී ගයමින්නේ
අප මුනිඳුට ජය ලැබුණා - බුදුරැස් විහිදෙන්නේ
සාදු! සාදු! බුදුරුවනයි - සැදැහෙන් නමදින්නේ

17. සේනා ඇති මරු පැරදී - දසත පලා යන්නේ
බෝ සෙවණේ සිටි මුනිඳුන් - තිලොව දිනා ගන්නේ
අපගේ ගෞතම මුනිඳුන් - බුදු බව ලැබ ගන්නේ
සාදු! සාදු! බුදු සිරුරින් - බුදුරැස් විහිදෙන්නේ

18. මහ බඹු ඇවිදින් සතුටින් - සේසත් නගමින්නේ
අප මුනිඳුගෙ ගුණ කියමින් - සතුටින් ඉපිලෙන්නේ
අපගේ ගෞතම මුනිඳුන් - බුදු බව ලැබගන්නේ
සාදු! සාදු! බුදු සිරුරින් - බුදුරැස් විහිදෙන්නේ

19. අහසෙ වළාකුළු පහවී - සඳරැස් පැතිරෙන්නේ
බෝපත් සෙළවී මුනිඳුගෙ - බුදුගුණ මුමුණන්නේ
අපගේ ගෞතම මුනිඳුන් - බුදු බව ලැබගන්නේ
සාදු! සාදු! බුදු සිරුරින් - බුදුරැස් විහිදෙන්නේ

20. කළුවර පැතිරුණ නිරයේ - එළියකි විහිදෙන්නේ
ගිනි දැල් ඇති නිරය නිවී - සිසිල් සුවය දෙන්නේ
ඇයිදෝ මෙතරම් අසිරිය - හැමතැන සිදුවන්නේ
අපගේ භගවත් මුනිඳුන් - ලොව සම්බුදු වන්නේ

21. දහසක් සක්වල පැතිරී - එළිය විහිද යන්නේ
අප මුනිඳුගෙ බුදු සිරුරෙන් - ඒ එළි විහිදෙන්නේ
ඇයිදෝ මෙතරම් එළියක් - ලොවෙහි විහිද යන්නේ

අපගේ භගවත් මුනිඳුන් - ලොව සම්බුදු වන්නේ

22. මිහිකත සතුටින් සෙළවී - හඬ නගමින් ඉන්නේ
අනතුරු කිසිවක් ලොව මත - එයින් නොසිදුවන්නේ
මිහිකත දෙවියෝ සතුටින් - සාදු නාද දෙන්නේ
අපගේ භගවත් මුනිඳුන් - ලොව සම්බුදු වන්නේ

23. අහස පුරා සුවඳැති මල් - දස අත විසිරෙන්නේ
දිවසුවඳින් අහස් ගැබේ - සුවඳ පැතිර යන්නේ
ඇයිදෝ මෙතරම් අසිරිය - හැමතැන සිදුවන්නේ
අපගේ භගවත් මුනිඳුන් - ලොව සම්බුදු වන්නේ

24. මුව පැටවුන් සිහදෙනගේ - තුරුලට පැමිණෙන්නේ
ඇකයෙහි දූවටී සතුටින් - එහි නිදමින් ඉන්නේ
ඇයිදෝ මෙතරම් අසිරිය - හැමතැන සිදුවන්නේ
අපගේ භගවත් මුනිඳුන් - ලොව සම්බුදු වන්නේ

25. පිල් විදහාගෙන මොනරුන් - මිහිරි රැඟුම් දෙන්නේ
නා පිරිවර මොනර නැටුම් - බලමින් හිනැහෙන්නේ
ඇයිදෝ මෙතරම් අසිරිය - හැමතැන සිදුවන්නේ
අපගේ භගවත් මුනිඳුන් - ලොව සම්බුදු වන්නේ

26. දිවි දෙන ලඟ හා පැටවි - උඩ පනිමින් ඉන්නේ
මුගටින් නා පිරිවර හා - පෙම් බස් දොඩමින්නේ
ඇයිදෝ මෙතරම් අසිරිය - හැමතැන සිදුවන්නේ
අපගේ භගවත් මුනිඳුන් - ලොව සම්බුදු වන්නේ

27. බෝ පත් සිලි සිලි ගාමින් - තාලෙට සෙළවෙන්නේ
අප මුනිඳුගෙ බුදු සිරුරට - සිසිල් සෙවණ දෙන්නේ
විදුරසුනේ වැඩහිඳිනා - මුනිඳුන් බබලන්නේ
සාදු! සාදු! අප මුනිඳුන් - ලොව සම්බුදු වන්නේ

28. කල්ප ගණන් දැකිය නොහැකි - මුනිඳුන් උපදින්නේ
සම්මා සම්බුදුබව ලැබ - තුන් ලොව ජයගන්නේ
සිත පහදාගෙන මුනිඳුන් - නැමදිය යුතු වන්නේ
සාදු! සාදු! අප හට බුදු - සරණ ලබා දෙන්නේ

29. අරහං බුදුගුණය නිතර - අප හට සිහි වේවා
අරහං නිකෙලෙස් මුනිඳුන් - තුන්ලොව බැබලේවා
අරහං යන උතුම් ගුණය - දසඅත විහිදේවා
අරහං බුදුගුණ බලයෙන් - සෙත සුව සැලසේවා

30. සම්මා සම්බුද්ධ ගුණය - නිරතුරු සිහි වේවා
සම්මා සම්බුදු ගුණයෙන් - සිරිලක බැබලේවා
සම්මා සම්බුදු ගුණ ලොව - දස අත විහිදේවා
සම්මා සම්බුදු බලයෙන් - සෙත සුව සැළසේවා

31. විජ්ජාචරණෝ බුදුගුණ - නිරතුරු සිහිවේවා
විජ්ජාචරණෝ බුදුබල - ලොව තුළ පැතිරේවා
විජ්ජාචරණෝ සම්බුදු - ගුණ කඳ විහිදේවා
විජ්ජාචරණෝ බලයෙන් - සෙත සුව සැළසේවා

32. සුගත ගුණෙන් යුතු මුනිඳුන් - නිරතුරු සිහිවේවා
සුගත ගුණෙන් හැම බාධක - දුරු වී ජයවේවා
සුගත ගුණැති බුදු බලයට - ලොව අවනත වේවා
සුගත මුනිඳු ගුණ බලයෙන් - සෙත සුව සැළසේවා

33. ලෝකවිදූ බල මතු වී - යහපත පැතිරේවා
ලෝකවිදූ සම්බුදුගුණ - නිරතුරු සිහිවේවා
ලෝකවිදූ බුදුගුණයට - ලොව අවනත වේවා
ලෝකවිදූ බුදුගුණයෙන් - සැනසුම සැළසේවා

34. පුරිසදම්ම සාරථී බල - නිරතුරු සිහිවේවා
පුරිසදම්ම සාරථී බුදුගුණ - බල පිහිටාවා

පුරිසදම්ම සාරථී ගුණයට - අවනත වේවා
පුරිසදම්ම සාරථී ගුණයෙන් - සැනසුම වේවා

35. දෙව් මිනිසුන්ගේ ගුරු දෙව් - බුදු සමිඳුන් ගාවා
සත්ථා සම්බුදුගුණයට - ලොව අවනත වේවා
දෙව් මිනිසුන් හට යහපත - සැනසුම සැළසේවා
සත්ථා සම්බුදු ගුණයෙන් - ලොවට සැපත වේවා

36. බුද්ධ ගුණෙන් ලොවේ සැමට - යහපත ඇති වේවා
බුද්ධ ගුණෙන් සැමගේ දුක් - කරදර දුරු වේවා
බුද්ධ ගුණය තුළින් ලොවට - නිති ආසිරි වේවා
බුද්ධ ගුණෙන් නිරතුරුවම - ලොවට සැපත වේවා

37. භගවා යන බුදුගුණයෙන් - යහපත පැතිරේවා
භගවා යන බුදුගුණයට - ලොව අවනත වේවා
භගවා බුදුගුණය ලොවේ - සැමටම වැටහේවා
භගවා සම්බුදු ගුණයෙන් - සැමට පිහිට වේවා

38. නව අරහාදී බුදු ගුණ - නිරතුරු සිහි වේවා
නව අරහාදී ගුණයෙන් - යහපත ඇතිවේවා
නව අරහාදී බලයෙන් - අකුසල් දුරුවේවා
නව අරහාදී බුදුගුණ - පිහිට අපට වේවා

සාදු! සාදු!! සාදු!!!

මහාමේඝ ප්‍රකාශන

www.ingramcontent.com/pod-product-compliance
Lightning Source LLC
Chambersburg PA
CBHW070533030426
42337CB00016B/2189